O último
REFÚGIO

Publicações
Pão Diário

O último
REFÚGIO

*Jó e o problema
do sofrimento*

Oswald Chambers

Originally published in English under the title
Our Ultimate Refuge — Job and the problem of suffering
Copyright © 2006, 1990, 1931 by Oswald Chambers Publications Association.
First published in 1917
Our Daily Bread Publishing P.O. Box 3566,
Grand Rapids, MI 49501, USA.
All rights reserved

Coordenação editorial: Adolfo A. Hickmann
Tradução: João Ricardo Morais
Revisão: Dalila de Assis, Lozane Winter, Marília Pessanha Lara
Coordenação gráfica e capa: Audrey Novac Ribeiro
Diagramação: Audrey Novac Ribeiro

Dados Internacionais de Catalogação na Publicação (CIP)

CHAMBERS, Oswald (1874–1917)
O último Refúgio — Jó e o problema do sofrimento
Tradução: João Ricardo Morais – Curitiba/PR, Publicações Pão Diário
Título original: *Our Ultimate Refuge — Job and the problem of suffering*

| 1. Vida cristã | 2. Discipulado | 3. Estudo bíblico | 4. Sofrimento |

Proibida a reprodução total ou parcial sem prévia autorização, por escrito, da editora.
Todos os direitos reservados e protegidos pela Lei 9.610, de 19/02/1998.
Permissão para reprodução: permissao@paodiario.com

Exceto se indicado o contrário, as citações bíblicas são extraídas da edição Nova Almeida Atualizada de João Ferreira de Almeida © 2017, Sociedade Bíblica do Brasil.

Publicações Pão Diário
Caixa Postal 4190,
82501-970 Curitiba/PR, Brasil
publicacoes@paodiario.org
www.publicacoespaodiario.com.br
Telefone: (41) 3257-4028

XP079 • ISBN: 978-65-5350-269-7

1.ª edição: 2023

Impresso na China

SUMÁRIO

Prefácio 7

Prefácio à terceira edição 11

1. O Universo invisível 13
2. Atordoado e espantado 21
3. A paixão do pessimismo 29
4. A luz que falhou 37
5. Das profundezas 45
6. Mais perguntas do que respostas 53
7. Agnosticismo 65
8. Pretensão 75
9. Na trilha 81
10. Muito barulho por nada 91

11. As fronteiras do desespero 99

12. A mais amarga dor na vida 109

13. O confronto original 117

14. Parábolas 129

15. A paixão pela autoridade 141

16. A paixão pela realidade 153

17. Fechaduras contra chaves 161

18. Disfarce da realidade 171

Prefácio

O último Refúgio é um livro sobre Jó e o problema do sofrimento, redigido em meio a uma guerra, em um campo cheio de soldados destinados à frente da batalha. Na ocasião de sua escrita (entre abril e maio de 1917), Oswald Chambers, seu autor e o capelão daquele acampamento, estava doente, sofrendo com o calor do deserto egípcio e os rigores gerais da vida no campo de batalha. Ele morreria logo após terminar o manuscrito.

O sofrimento, em outras palavras, não é apenas o assunto deste livro; é o próprio material do qual é feito, seu contexto e meio, sua *raison d'être*[1]. Como Chambers poderia ter dito, este é um livro sobre o fogo, forjado no fogo, destinado àqueles que duvidam que a libertação está próxima.

Para essas almas aflitas, Chambers tem uma mensagem incomum: Não é. Dor, sofrimento e tragédia não são acontecimentos incomuns; são "a base da vida humana", os fundamentos de nossa existência terrena. Esta, argumenta ele, é a realidade que devemos aceitar se quisermos ter um relacionamento verdadeiro com Deus.

Para os leitores que estão chegando agora à obra de Chambers, o conforto oferecido aqui pode parecer bastante

---

[1] Razão de ser

frio, se não incompreensível, até porque se desdobra em capítulos densos e repetitivos que soam um pouco como as divagações de alguém que ainda está trabalhando seus pensamentos. Isso era realmente o que Chambers estava fazendo, pois o livro se originou a partir de uma série de palestras de forma livre, apresentadas no campo de batalha e depois impressas. No entanto, a mensagem em seu cerne — a tragédia é a base da realidade — percorre todos os seus livros. É aqui que encontramos sua expressão mais completa, que realmente chegamos ao centro de seu pensamento e começamos a entender seu apelo a milhões de leitores.

O último Refúgio é, antes de mais nada, um produto de seu tempo — não apenas da Primeira Guerra Mundial, mas da época que levou a isso. Referências aos pensadores e ideias do final do século 19 inundam estas páginas. Chambers fala de Henrik Ibsen, Friedrich Nietzsche e da teoria da evolução. Ele fala de seus contemporâneos evangélicos, certos personagens cristãos a quem ele chama de "pseudoevangelistas", pela mensagem consoladora — mas falsa — que pregam. Há uma oposição interessante estabelecida entre esses dois campos: por um lado, os lúcidos realistas seculares, a quem Chambers admira por sua resposta inabalável às profundas revoltas causadas pela modernidade; por outro lado, os fiéis fantasiosos que, vislumbrados por suas próprias ideias romantizadas sobre Deus, não podem ver o próprio Deus.

Ambos os campos, pensa Chambers, são falhos em seu pensamento: os secularistas porque imaginam que a tragédia aponta para a impossibilidade da existência de Deus; os crentes porque apresentam uma falsa ideia da natureza de Deus. Curiosamente, é o último que ele considera mais perigoso para a atualidade. As pessoas estão perdendo a fé, escreve Chambers, não porque finalmente foram trazidas face a face com a natureza trágica da realidade, mas porque lhes foi dito que Deus nunca deixaria tais horrores acontecerem com os Seus filhos.

Uma versão dessa oposição surge em Jó, entre os homens que o importunam sobre sua fé contínua no Deus que removeu Suas bênçãos. A resposta de Chambers segue a de Jó: "Ainda que Deus me mate, ele é minha única esperança..." (13:15 NVT). Mas a resposta de Chambers, enraizada como é, no Novo Testamento cristão, vai além de um apelo por uma fé incansável. A tragédia não é apenas a base da realidade, mas é a condição necessária da crucificação. Se o sacrifício de Cristo não era realmente necessário, pergunta ele — se havia outra maneira de evitar o sofrimento e a miséria — por que foi feito? "Uma coisa vale exatamente o que custa".

Chambers frequentemente escrevia sobre os métodos que Deus usa para colocar Seus filhos face a face com a realidade da Cruz. Ele preferia linguagem e metáforas que eram severas, violentas, físicas: Deus "queima" conceitos equivocados, Ele "remove cirurgicamente" o pecado, Ele "acaba" com falsos ideais. Isto, em essência, é o que *O último Refúgio* tenta fazer: acabar com as explicações, apologias e desejos sobre a guerra e os horrores que ela tem causado, deixando uma (e apenas uma) solução possível: a Cruz.

É a solidez e a finalidade dessa resposta que dão ao livro o seu poder. Pode-se argumentar que a vida nem sempre está cheia de tragédia e sofrimento, que Deus concede bênçãos, que as guerras chegam ao fim. São verdades felizes, mas não nos dizem nada sobre por que um Cristo foi necessário. Cristo, Chambers está dizendo, é o antídoto para o que nos aflige. Ele é de fato o *refúgio final*, a verdade que ainda permanece de pé quando tudo desmorona.

Macy Halford
Outubro de 2019

Prefácio à terceira edição

Estas falas foram apresentadas nas barracas da Associação Cristã de Moços, Zeitoun, Egito[2], para os homens da Força Expedicionária Egípcia durante os primórdios de 1917. Elas não foram apresentadas com a intenção de serem publicadas, e o livro é compilado a partir de minhas próprias notas textuais.

Em novembro de 1917, meu marido recebeu outro chamado de Deus para mais um serviço em Sua presença. Veio a mim a ideia de que publicar as palestras que ele vinha apresentando aos homens no Egito (e anteriormente no *Bible Training College*, Londres) serviria para algum propósito de Deus, e o trabalho foi iniciado com a oração de que as mensagens escritas pudessem trazer um conhecimento de Sua verdade para muitos como as mensagens faladas jamais haviam feito. Este livro foi o primeiro a ser publicado e foi amplamente divulgado entre os homens no Egito e na Palestina, muitos dos quais ouviram as palestras ministradas; uma edição também foi publicada ao mesmo tempo na Inglaterra.

---

[2] Notas foram adicionadas pelo editor. *The Imperial School of Instruction* (A Escola Imperial de Instrução) foi estabelecida em Zeitoun, em setembro de 1916, pelo Comando Britânico a fim de treinar tropas, principalmente, em armas e táticas de infantaria.

Tenho um suprimento praticamente inesgotável de anotações, e outros livros serão publicados de tempos em tempos.

"...Por meio da fé, mesmo depois de morto, ainda fala" (HEBREUS 11:4).

Biddy Chambers
200 Woodstock Road
Outubro de 1923

Capítulo 1

O UNIVERSO INVISÍVEL

Jó 1:1-12

O homem não é Deus,
mas tem o propósito de Deus a servir,
Um mestre para obedecer, um curso a tomar,
Algo para lançar fora, algo a se tornar.
Aceito isso, então o homem deve
passar de velho a novo,
Do inútil ao real, do erro ao fato,
Do que antes parecia bom,
para o que agora prova ser melhor.

ROBERT BROWNING

O registro do natural (JÓ 1:1-5)

O homem mais rico de toda aquela região
    Sua integridade (v.1)
    Sua grandeza (vv.2-4)
    Sua benevolência (v.5)

O registro do sobrenatural (JÓ 1:6-12)

O cenário por trás do que é visto
    Filhos de Deus (v.6)
    Satanás e Deus (vv.7-8)
    Escárnio satânico sobre Deus (vv.9-12)

É em um livro como o de Jó que muitas almas sofredoras encontrarão consolo e sustento. Isso porque não é feita nenhuma tentativa de explicar o *porquê* do sofrimento, mas por se dar ao sofrimento uma expressão que deixa as pessoas com a ideia de uma explicação sobre a questão. O problema em relação ao sofrimento decorre do fato de que aparentemente não há explicação para ele.

Dizer que Jó foi aperfeiçoado por meio de seus sofrimentos requer uma pergunta, pois Jó era perfeito em capacidade moral e religiosa antes que o sofrimento tocasse sua vida. "Você reparou no meu servo Jó? Não há ninguém como ele na terra. Ele é um homem íntegro e reto, que [...] se desvia do mal" (JÓ 1:8). Jó sofreu "segundo a vontade de Deus..." (1 PEDRO 4:19). Ele nunca conheceu o prefácio de sua história.

Os versículos 6 a 12 são um registro do sobrenatural. Não há neles nada familiar para nossa mente. A Bíblia lida com o que nenhuma mente comum enxerga — o cenário por trás das coisas que são vistas. Temos meios de compreender a existência de um mundo sobrenatural apenas quando ele interfere em nós. Esses versículos referem-se a algo que aconteceu no mundo sobrenatural, e é o que aconteceu lá que explica os sofrimentos de Jó. Portanto, o transtorno que aconteceu na vida desse grande e bom homem não deve ser colocado em sua conta.

Há uma diferença entre Satanás e o diabo que o estudante da Bíblia deve observar. De acordo com a Bíblia, o homem é responsável pela introdução de Satanás: Satanás é o resultado de uma comunicação estabelecida entre o homem e o diabo (VEJA GÊNESIS 3:1-5). Quando Jesus Cristo ficou face a face com Satanás, Ele lidou com o Maligno como representante da atitude que o homem toma na organização de sua vida sem levar Deus em consideração. Na tentação no deserto, o diabo é visto em seu caráter indisfarçável. Apenas uma vez nosso Senhor se dirigiu ao diabo como "Satanás": "Então Jesus lhe ordenou: — Vá embora, Satanás..." (MATEUS 4:10). Em outra ocasião, Jesus disse que a autopiedade era satânica: "Mas Jesus, voltando-se, disse a Pedro: — Saia da minha frente, Satanás!..." (MATEUS 16:23).

O diabo é o adversário satânico de Deus no governo do homem e Satanás é seu representante. Algo ser satânico não acarreta necessariamente que será abominável e imoral; nosso Senhor disse que "...aquilo que é elevado entre homens é abominação diante de Deus" (LUCAS 16:15). Satanás governa este mundo sob a inspiração do diabo, e os homens permanecem pacíficos: "Quando o valente, bem armado, guarda a sua própria casa, todos os seus bens ficam em segurança" (LUCAS 11:21); não há como fugir do pecado e do mal. Uma das farsas mais astutas é representar Satanás como o instigador dos pecados exteriores. O homem satanicamente guiado é frequentemente moral, reto, orgulhoso e individual. Ele é absolutamente autogovernado e não precisa de Deus.

Satanás imita o Espírito Santo. O Espírito Santo representa a obra de Deus na vida humana quando está em unidade com Deus por meio da redenção. Em outras palavras, "Espírito Santo" é a hereditariedade trazida à natureza humana na regeneração. Quando um homem nasce do alto, a ele foi concedida a índole de Jesus, o *Espírito Santo*, e se ele obedecer a essa índole, esse homem se transformará em uma nova humanidade em Cristo Jesus. Se, por recusa deliberada, um homem não nascer de novo, ele estará sujeito a se ver transformando-se, cada vez mais, no satânico, que acabará por dirigir-se ao diabo.

"Então Satanás respondeu ao Senhor: — Será que é sem motivo que Jó teme a Deus?" (JÓ 1:9). Os versículos 9 a 12 podem ser parafraseados desta forma: Satanás é representado como dizendo a Deus: "Tu estás encantado com a ideia de que o homem te ama apenas por quem Tu és. Isso nunca foi e nunca será. Jó, por exemplo, apenas te ama porque Tu o abençoas e faze-o prosperar, mas toques em qualquer uma de suas bênçãos e ele vai amaldiçoá-lo na Tua face e provarás que nenhum homem na Terra te ama apenas por quem Tu és".

Deve-se lembrar qual era a crença de Jó. Ele acreditava que Deus abençoava e fazia prosperar o homem justo que confiava nele, e que o homem que não era justo não prosperava. Então veio sobre ele calamidade após calamidade; tudo o que Jó acreditava sobre Deus foi contradito e sua crença foi levada pelos ventos. O escárnio de Satanás aqui é o correspondente ao escárnio do diabo em Gênesis 3. Lá, o objetivo do diabo era escarnecer de Deus para o homem; aqui, o objetivo de Satanás é escarnecer do homem para Deus, sendo ele "...o acusador de nossos irmãos..." (APOCALIPSE 12:10).

Hoje há em nosso meio uma safra de céticos juvenis, os homens que até o momento da guerra[3] não tinham tido tensão em sua vida; mas, assim que a turbulência os envolveu, lançaram-se sobre a fé e se tornaram céticos baratos e

---

[3] Em todo este livro, "a guerra" e "esta guerra" referem-se à Primeira Guerra Mundial (1914–18).

complacentes. O homem que sabe que há problemas e dificuldades na vida não é tão facilmente comovido. A maioria de nós fica melindroso com Deus e o abandona quando Ele não sustenta nossa crença (VEJA JOÃO 6:60,66). Muitos homens, durante esta guerra, perderam sua forma de crer em Deus e imaginam que daí perderam Deus, embora eles estejam no auge de um conflito que deve dar à luz uma compreensão de Deus mais fundamental do que qualquer declaração de fé.

Há coisas no trato do nosso Pai celestial para conosco que não têm explicação imediata. Existem providências inexplicáveis que nos testam até o limite, e provam que o racionalismo é uma mera postura mental. A Bíblia e nosso senso comum concordam que a base da vida humana é trágica, não racional, e todo o problema está focado para nós no livro de Jó. Em Jó 13, vê-se a expressão de um homem que perdeu seu apoio explícito em Deus, mas não seu apoio implícito: "Ainda que Deus me mate, ele é minha única esperança…" (v.15 NVT). Esse é o último alcance da fé de um homem. A crença de Jó se foi. Tudo o que ele acreditava sobre Deus foi refutado por suas próprias experiências, e quando seus amigos vêm, dizem de fato: "Você é um hipócrita, Jó, podemos provar isso por sua própria crença". Mas Jó se apega a isto: "Eu não sou um hipócrita e não sei o que explica tudo o que aconteceu, mas vou continuar afirmando que Deus é justo e que eu ainda o verei justificado em tudo isso".

Deus nunca deixa Seus intentos claros para Jó. Ele luta contra problema após problema, e a providência traz mais problemas o tempo todo, e no final Jó diz: "…agora meus olhos te veem" (JÓ 42:5). Tudo a que ele tinha se apegado na escuridão era verdade, e Deus era tudo o que ele acreditava que o Senhor era: amoroso, justo e honrado. A explicação de tudo está no fato de que Deus e Satanás fizeram um campo de batalha em relação à alma de Jó sem a permissão dele. Sem qualquer aviso, a vida de Jó é subitamente transformada em caos desesperado, e Deus fica fora de vista e nunca dá qualquer sinal a Jó de que Ele *é*. As chances estão desesperadamente contra Deus e parece que o escárnio de Satanás provará ser verdade, mas Deus ganha no final, Jó sai triunfante em sua fé em Deus, e Satanás é completamente derrotado.

Confiarei na revelação sobre Deus dada por Jesus Cristo quando tudo em minha experiência pessoal o contradiz?

Capítulo 2

ATORDOADO E ESPANTADO
Jó 1:13–2:13

Jesus, cuja porção conosco foi lançada,
Que enxergou através dela, do início ao fim…
Quisera eu ganhar, manter e sentir
Esse coração de amor, esse espírito de aço.
Eu não iria para Teus braços voar
Para fugir até as tempestades passarem;
Se Tu és como o homem que eras,
Tu te distanciarias com desprezo de tal oração.

WILFRID BRINTON

No turbilhão do desastre

A investida da destruição (JÓ 1:13-19)
Deus concedeu a Satanás autoridade para interferir em tudo o que Jó possuía: "Você pode fazer o que quiser com tudo o que ele tem..." (JÓ 1:12). Tudo o que um homem possui, por vezes, não está na mão de Deus, mas na mão do adversário, visto que Deus nunca retirou essa autoridade de Satanás. Os desastres que assolam as posses de um homem são satânicos em sua origem e não casuais como parecem ser. Quando Jesus Cristo falou sobre discipulado, Ele afirmou que um discípulo deve ser desapegado de propriedade e posses, pois se a vida de um homem consiste no que ele possui, quando o desastre assola suas posses, assola sua vida também (VEJA LUCAS 12:15).

Satanás tinha sido autorizado a atacar as posses de Jó. Agora seu poder foi potencializado, e ele estava livre para atacar diretamente a herança pessoal de Jó. Quando um homem é atingido por destruição imerecida, o resultado imediato é uma calúnia contra Deus: "Por que Deus permitiu que isso acontecesse?".

Há pessoas hoje que estão passando por uma investida de destruição que paralisa todas as nossas trivialidades e pregações. A única coisa que trará alívio são os consolos de Cristo. É uma coisa boa sentir nossa própria impotência diante da calamidade. Isso nos faz saber o quanto dependemos de Deus. Nestes dias, maravilhosa é a forma como mães e esposas passam pela tristeza, não insensivelmente, mas com um extraordinário senso de esperança. Uma coisa que a guerra fez foi dissipar todo o otimismo superficial como dizer às pessoas para "olharem para o lado bom das coisas", ou que "acima das nuvens escuras brilha o Sol". Há algumas nuvens que são totalmente escuras a ponto de a luz solar não poder atravessá-las.

A provação do desespero (JÓ 1:20-21)

> *E disse: — Nu saí do ventre de minha mãe e nu voltarei. O SENHOR o deu e o SENHOR o tomou; bendito seja o nome do SENHOR!* v.21

Enfrentar os fatos como eles são causa desespero (não frenesi, mas desespero real), e Deus nunca culpa um homem pelo desespero. O homem que pensa deve ser pessimista. Pensar nunca pode produzir otimismo. O homem mais sábio que já viveu disse que "quem aumenta o seu conhecimento aumenta também a sua dor" (ECLESIASTES 1:18). O fundamento das coisas não é razoável, mas cruel e trágico, e enfrentar as coisas como elas são leva o homem à provação do desespero. Ibsen[4] apresenta tal provação. Não há afronta em sua apresentação. Ele sabe que não existe tal coisa como o perdão na natureza, e que todo pecado tem uma punição merecida seguindo-o. Sua conclusão da vida é a de desespero silencioso, pois ele não sabe nada sobre a revelação de Deus fornecida por Jesus Cristo.

"Bem-aventurados os que choram…" (MATEUS 5:4). Nosso Senhor sempre fala a partir desse fundamento, nunca

---

[4] Henrik Johan Ibsen (1828–1906) foi um dramaturgo norueguês, considerado um dos criadores do teatro realista moderno.

a partir do fundamento do "evangelho do temperamento". Quando um homem está em desespero, ele sabe que todo o seu pensamento jamais o tirará dali e que ele só sairá pelo simples esforço criativo de Deus; consequentemente, ele está com a atitude correta para receber de Deus o que ele não pode obter por si mesmo.

A consagração do discernimento (JÓ 1:22)

> *Em tudo isto Jó não pecou, nem atribuiu
> a Deus falta alguma.* v.22

O apóstolo Tiago fala sobre "a paciência de Jó" (TIAGO 5:11), mas "paciência" é certamente a última palavra que teríamos aplicado a Jó! Ele confronta seus amigos com suas críticas contundentes. No entanto, Jó nunca foi fundamentalmente impaciente com Deus. Ele não conseguia entender o que Deus estava fazendo, mas ele não acusou Deus de tolice. Ele se apegou à certeza de que Deus ainda seria inocentado, e ele também. Nosso Senhor disse que Ele era "manso e humilde de coração" (MATEUS 11:29), mas mansidão não é a característica marcante que Ele apresentou quando ele expulsou aqueles que vendiam e compravam no templo, e derrubou as mesas dos cambistas. Nosso Senhor era manso em relação às dispensações de Seu Pai a Ele, mas não necessariamente manso em relação aos homens quando a honra de Seu Pai estava em jogo.

Na impiedade da desolação

O crivo de Satanás (JÓ 2:1-6)
No capítulo 2, o véu é levantado por detrás do que é visto e a tragédia é explicada. As posses de Jó se acabaram, mas ele ainda mantém sua integridade. Agora Satanás conduz seu escárnio um pouco mais perto. O primeiro escárnio foi contra Deus — "o homem só te ama porque Tu o abençoas". Agora Satanás obtém permissão para interferir com os bens pessoais interiores de Jó: seu senso de integridade e sua saúde — "Você pode fazer com ele o que quiser; mas poupe-lhe a vida" (JÓ 2:6). A última estaca de Satanás está na carne de um homem.

Há momentos em que os bens pessoais interiores de um homem estão sob o domínio de Satanás. O apóstolo Paulo chama Satanás de "anjo de luz" (2 CORÍNTIOS 11:14); ele chega a um homem cujos pertences pessoais estão sendo atacados e diz: "Você perdeu o senso da presença de Deus, portanto você deve ter se desviado". Há uma inspiração ímpia nisso; o que está por trás é a perversidade da desolação. A desolação nunca é algo certo; coisas erradas *realmente* acontecem porque as coisas estão erradas mesmo. Um dos perigos do fanatismo é aceitar o desastre como arranjo de Deus, como parte de Seu plano. Não é o plano de Deus, mas sim Sua vontade permissiva. Há uma diferença moral vital entre a organização de Deus e Sua vontade permissiva. O plano de Deus é: sem pecado, sem Satanás, sem doença, sem limitações. O intelecto independente do homem reconhece isso e diz: "Eu vou eliminar o pecado, a redenção e Jesus Cristo, e conduzir minha vida em linhas racionais".

Então vem a vontade permissiva de Deus: pecado, Satanás, dificuldade, erro e mal. E quando a desolação e a calamidade atingem um homem, há um aguilhão perverso em seu âmago, e se ele não considerar a realidade por trás de tudo isso, ele é um tolo. Temos que compreender a organização de Deus através de Sua vontade permissiva. Um cristão não deve esconder-se nos braços de Cristo porque seu pensamento lhe causa problemas. É covardia moral e espiritual recusar-se a enfrentar a realidade, ceder e sucumbir. O maior medo que um cristão tem não é um medo pessoal, mas o medo de que seu herói não vença, que Deus não seja capaz de ilibar Seu caráter. O propósito de Deus é conduzir "muitos *filhos* à glória" (HEBREUS 2:10). Através de toda a desordem que é produzida, e apesar de tudo que Satanás possa fazer, o livro de Jó prova que um homem pode chegar perto de Deus em qualquer momento.

O flagelo do sofrimento (JÓ 2:7-10)
O primeiro campo exterior da vida de um homem é sua carne, e Jó estava ferido "com tumores malignos, desde a planta do pé até o alto da cabeça" (v.7). Então sua querida esposa o aconselhou: "—Amaldiçoe a Deus e morra! Mas Jó respondeu: —Você fala como uma doida. Temos recebido de Deus o bem; por que não receberíamos também o mal? Em tudo isto Jó não pecou com seus os lábios" (vv.9-10). Eis aí o flagelo do sofrimento. Quando sofro e sinto que sou o culpado por isso, posso explicá-lo para mim mesmo. Quando sofro e sei que não sou culpado, a questão torna-se mais difícil. Porém, quando sofro e percebo que aqueles em meus relacionamentos mais íntimos pensam que sou o culpado,

esse é o limite do sofrimento. É aí que o flagelo do sofrimento atacou Jó: o poder do escárnio de Satanás adentrou agora em seus relacionamentos mais íntimos.

A solidão da tristeza (JÓ 2:11-13)

> *Quando três amigos de Jó ouviram que todo este mal havia caído sobre ele, vieram, cada um do seu lugar [...]. De longe eles levantaram os olhos e não o reconheceram. Então ergueram a voz e choraram [...]. Sentaram-se com ele no chão durante sete dias e sete noites. E ninguém lhe disse uma só palavra, pois viam que a dor era muito grande.* vv.11-13

Os amigos de Jó foram atingidos desesperadamente pelas calamidades que tinham vindo sobre Jó, visto que a crença deles era a mesma que ele tinha tido. E agora, se Jó era um bom homem, como o coração deles dizia que Jó era, onde estava a crença deles? Eles ficaram perplexos com tal agonia, e Jó foi deixado sem um amigo consolador. Os amigos chegaram lentamente à conclusão de que a visão deles de Deus estava certa; portanto, Jó devia estar errado. Eles tiveram o banimento da finalidade[5] sobre suas opiniões, que é sempre o resultado da teologia ser colocada antes de Deus. Os amigos sofreram, assim como Jó, e o sofrimento que vem de ter abandonado o "traje" teológico é de um ordenamento premente. A atitude de Jó é: "Não consigo entender por

---

[5] Por "banimento da finalidade", Chambers refere-se à limitação ou maldição de tomar uma decisão, sem estar disposto a considerar novas informações.

que Deus permitiu que essas coisas acontecessem. O que Ele está fazendo dói muito, mas creio que Ele seja honrado, um Deus de integridade, e vou permanecer assim, pois, no final, ficará absolutamente claro que Ele é o Deus de amor, justiça e verdade".

Nada é *ensinado* no livro de Jó, mas há um profundo e ponderado senso de alguém ensinável. Este homem foi esbofeteado e despojado de tudo o que ele amava, mas no turbilhão da calamidade, ele permaneceu irrepreensível, isto é, sem merecer censura por Deus.

Capítulo 3

A PAIXÃO DO PESSIMISMO

Jó 3

O mundo se assenta aos pés de Cristo
Ignorante, cego e sem consolo;
Ele ainda tocará a barra de Sua túnica,
E sentirá o Alquimista celestial
Transformar sua poeira em ouro.

WHITTIER

O otimismo é uma questão de revelação aceita ou de temperamento. Pensar sem impedimentos e permanecer otimista não é possível. Deixe um homem enfrentar os fatos como eles realmente são, e o pessimismo é a única conclusão possível. Se não houver tragédia na vida humana, nenhuma lacuna entre Deus e o homem, então a redenção de Jesus Cristo é "muito barulho por nada". Jó está vendo as coisas exatamente como elas são. Um homem de mente saudável baseia sua vida em condições reais, mas deixe ele ser atingido pela privação; quando tiver superado a parte ruidosa e a parte blasfema, ele descobrirá, como Jó descobriu, que o desespero é a base da vida humana a menos que um homem aceite a revelação de Deus e entre no reino de Jesus Cristo.

O nascimento irreparável (Jó 3:1-7)

Depois disto, Jó passou a falar e amaldiçoou o dia do seu nascimento. Jó disse: "Pereça o dia em que nasci...". vv.1-3

É algo triste o que Jó está enfrentando, e parece que a única coisa razoável que ele pode fazer é lamentar o dia de seu nascimento. Com algumas pessoas o sofrimento é imaginário, mas com Jó isso realmente aconteceu, e sua maldição é a verdadeira e profunda convicção de seu espírito: "Quisera Deus eu nunca ter nascido!". A noção do irreparável é uma das maiores agonias da vida humana. Adão e Eva adquiriram a noção do irreparável quando os portões do

Paraíso foram trancados com eles do lado de fora. Caim bradou: "Meu castigo é tão grande, que não poderei suportá-lo" (GÊNESIS 4:13). Esaú "...não achou lugar de arrependimento, embora, com lágrimas, o tivesse buscado" (HEBREUS 12:17). Há coisas na vida que são irreparáveis. Não há estrada de volta para o ontem.

A noção de Jó acerca do irreparável colocou-o frente a frente com o que Deus estava enfrentando; e quando um homem chega nesse ponto, ele começa a ver o significado da redenção. A base das coisas não é racional, o senso comum diz-lhe que não é. A base das coisas é trágica, e a Bíblia revela que a única saída é por meio da redenção. No caso de Jó, não era uma questão de ele estar mais do que saciado com os prazeres da vida; ele foi subitamente atingido sem qualquer explicação. Seus dias de prosperidade e integridade consciente chegaram a um fim abrupto, e, o pior de tudo: a sua crença em Deus foi atacada.

O verdadeiro sofrimento chega quando a declaração de fé em Deus de alguém está divorciada de seu relacionamento pessoal com Deus. A declaração de fé é secundária, nunca é a coisa fundamental. É sempre bom observar as coisas na vida que suas explicações não cobrem. Jó está enfrentando algo difícil demais para ele resolver ou controlar. Ele percebe que não há saída.

O disparate irresponsável (JÓ 3:8-13)

Se você ler um livro sobre a vida escrito por um filósofo e depois sair e enfrentar a realidade da vida, você descobrirá que os fatos não vêm dentro das linhas simples estabelecidas no livro. A linha filosofal funciona como um holofote, ele ilumina em certa direção e nada mais; a luz do dia, porém, revela mil e um fatos que o holofote não tinha levado em consideração. Não há sequer um simples elemento sob o Céu que conserve o relacionamento de um homem com Deus no terreno da redenção. É por isso que o apóstolo Paulo diz: "Temo que [...] a mente de vocês seja corrompida e se afaste da simplicidade e pureza devidas a Cristo" (2 CORÍNTIOS 11:3).

A razão é nosso guia entre os fatos da vida, mas não nos dá a explicação sobre eles. O pecado, o sofrimento e o Livro de Deus levam um homem à percepção de que há algo errado na base da vida, e não pode ser consertado por meio da razão. Nosso Senhor sempre lidou com o "porão" da vida, ou seja, com o verdadeiro problema. Se lidamos apenas com "o andar superior", não percebemos a necessidade da redenção. Contudo, uma vez que somos atingidos num nível elementar, como esta guerra atingiu os homens, tudo se torna diferente. Há muitos homens hoje que, pela primeira vez na vida deles, encontram-se fundamentalmente expostos, sem proteção civilizada, e eles passam por uma agonia terrível.

A guerra pôs fim a uma grande parcela de crenças em nossas convicções. A crítica de Coleridge[6] a muitos dos chamados cristãos era que eles não acreditavam em Deus, mas apenas acreditavam em seus conceitos sobre Ele. Um homem que se opõe às coisas como elas são sente que perdeu

---

[6] Samuel Taylor Coleridge (1772–1834) foi um poeta, crítico literário, filósofo e teólogo inglês.

Deus, embora, na realidade, ele tenha ficado face a face com Ele. Não são as trivialidades que contam aqui, mas grandes livros, como o livro de Jó, que operam diligentemente nas entrelinhas. Há muitas coisas na vida que parecem disparates irresponsáveis, mas a Bíblia revela que Deus assumiu a responsabilidade por essas coisas, e que Jesus Cristo fez a ponte entre Deus e o homem. A prova de que o Senhor fez tal coisa é a cruz. Deus aceita a responsabilidade pelo pecado, e, com base na redenção, os homens encontram sua solução pessoal e uma explicação para o mal.

A obscuridade invencível (JÓ 3:13-22)

Estes versículos não são uma indicação de dor e sofrimento, mas simplesmente de obscuridade e desejo por quietude.

> *Por que se concede luz ao miserável e vida aos de coração amargurado, que esperam a morte, e ela não vem, que cavam em procura dela mais do que tesouros ocultos, que se alegrariam por um túmulo e exultariam se achassem a sepultura?* vv.20-22

Na obscuridade invencível causada pela condição de Jó, a morte parece ser a única solução. Em todas as épocas em que se viu uma grande perturbação, a fase inicial sempre foi marcada pela defesa do suicídio, o que é uma indicação da agonia produzida pelo enfrentamento das coisas como elas são. A base das coisas é tempestuosa. A única maneira de viver a vida agradavelmente é sendo um pagão ou um santo.

Apenas quando há a recusa em pensar na realidade das coisas, é que se pode permanecer indiferente.

A perplexidade herdada (JÓ 3:23-26)

A sensação de estar perplexo é comum, e Jó está se sentindo completamente perplexo com o tratamento de Deus para com ele.

> *Por que se concede luz ao homem cujo caminho*
> *é oculto, e a quem Deus cercou de todos os lados?*
> *[...] Não tenho descanso, não tenho sossego, não*
> *tenho repouso; só tenho inquietação.* vv.23,26

Podemos não experimentar a sensação de estar perplexos em razão de qualquer tristeza terrível, mas se realmente considerarmos os ensinamentos de Jesus Cristo no Sermão do Monte, honesta e drasticamente, saberemos algo sobre o que Jó estava passando. Os ensinamentos de Jesus Cristo devem produzir desespero, pois se Ele quer dizer o que Ele diz, qual o nosso estado em relação a isso? "Bem-aventurados os limpos de coração..." (MATEUS 5:8) — bem-aventurado é o homem que não tem nada nele para Deus censurar. Posso chegar a esse padrão? No entanto, Jesus diz que apenas os limpos de coração podem estar diante de Deus. O Novo Testamento nunca diz que Jesus Cristo veio primordialmente ensinar os homens; ele diz que o Senhor veio para revelar que Ele colocou a base da vida humana sob redenção, ou seja: Jesus tornou possível que todo e qualquer homem nascesse no

Reino onde Ele vive (VEJA JOÃO 3:3). Então, quando nascemos de novo, Seu ensino se torna uma descrição do que Deus se comprometeu a fazer em um homem se este permitir o Seu poder agir por meio dele. Enquanto um homem tiver sua moralidade bem ao seu alcance, ele não precisa de Jesus Cristo. O Senhor disse: "Pois não vim chamar justos, e sim pecadores" (MATEUS 9:13). Quando um homem é duramente atingido e percebe seu próprio desamparo, ele descobre que não é covardia recorrer a Jesus Cristo, mas sim que é a saída que Deus criou para ele.

Há uma paixão pelo pessimismo no coração do ser humano, e não há unguento para isso. Você não pode dizer: "Anime-se, olhe o lado bom". Não há lado bom para olhar. Há apenas uma cura e ela é o próprio Deus, e Deus vem ao homem na pessoa de Jesus Cristo. Por meio da redenção advinda de Jesus Cristo, o caminho é aberto de volta para o ontem, saindo dos erros, da obscuridade e da perplexidade, rumando para uma perfeita simplicidade de relacionamento com Deus. Jesus Cristo se compromete a permitir que um homem resista a cada uma das acusações feitas por Satanás. O objetivo de Satanás é fazer um homem acreditar que Deus é cruel e que as coisas estão todas erradas. Mas quando um homem se vê mais profundamente em agonia e se volta deliberadamente para o Deus manifesto em Jesus Cristo, tal homem descobrirá Deus como a resposta para todos os seus problemas.

Capítulo 4

A LUZ QUE FALHOU
Jó 4–5

Vivemos em ações, não em anos;
em pensamentos, não fôlego;
Em sentimentos, não em imagens
em um mostruário.
Deveríamos contar o tempo
pelas batidas do coração.
Aquele que mais vive é o que mais pensa
— sente-se o mais digno — age melhor.
A vida é apenas um meio para um fim — esse fim,
Começo, meio e fim para todas as coisas — Deus.

PHILIP JAMES BAILEY

Não é o que um homem *faz* que é o mais importante, mas o que ele *é* no que faz. A atmosfera produzida por um homem, muito mais do que suas atividades, tem influência duradoura.

A premissa do precedente (Jó 4:1-6)

Elifaz é o primeiro dos amigos a emergir de seu silêncio estupefato, e começa com a premissa de que Deus nunca agirá de forma diferente da maneira como Ele sempre agiu, e que o homem não deve esperar que Ele o faça. Os versículos iniciais são uma introdução imponente ao seu tema:

> *Veja bem! Você ensinou a muitos e fortaleceu mãos cansadas. As suas palavras sustentaram os que tropeçavam, e você fortaleceu joelhos vacilantes. Mas agora, quando chega a sua vez, você perde a paciência; ao ser atingido, você fica apavorado.* vv.3-5

O precedente a partir do qual Elifaz argumenta é que, embora Jó tenha instruído muitos e sido um defensor dos fracos, agora que ele mesmo está passando por um sofrimento tão terrível, ele deve estar errado em alguma coisa. Elifaz argumenta que Jó está passando pelo mesmo tipo de problema que aqueles que ele havia confortado anteriormente. Isso não é verdade. Jó está sofrendo porque Deus e Satanás fizeram um campo de batalha por sua alma, sem lhe dar qualquer aviso ou qualquer explicação. É uma coisa fácil argumentar a partir de precedentes porque torna tudo simples, mas é uma coisa arriscada de se fazer. Conceda a Deus "espaço de manobra". Permita-o entrar em Seu universo como quiser. Se confinamos Deus em Seu agir a religiosos ou a certas maneiras, colocamo-nos em igualdade com Deus. O sofrimento de Jó não é segundo um precedente. O que atingiu Jó não tinha atingido nenhum daqueles que ele havia instruído e confortado. É bom termos cuidado no julgamento dos outros. Um homem pode proferir coisas aparentemente blasfemas contra Deus e dizemos: "Que pavoroso". Mas se olharmos mais adiante, descobriremos que o homem está sofrendo, ele está desnorteado e ferido por algo. O humor com que ele está falando é passageiro e de seu sofrimento virá uma relação totalmente diferente com as coisas. Lembre-se de que no final Deus disse que tais amigos não tinham falado a verdade sobre Ele, enquanto Jó tinha.

    Corremos o risco de fazer a mesma coisa que Elifaz. Dizemos que um homem não é justo diante de Deus a menos que ele aja de acordo com o precedente que estabelecemos. Devemos largar nossas varas de medição em relação a Deus e aos nossos semelhantes. Tudo o que podemos saber sobre Deus é que o Seu caráter é aquilo que Jesus Cristo manifestou. E tudo o que sabemos sobre nossos semelhantes apresenta um enigma que impede a possibilidade de termos o julgamento final.

A apresentação da ideia preconcebida (JÓ 4:7-21)

Elifaz passa a argumentar com uma ideia preconcebida de que Deus abençoa o homem bom, mas não abençoa o homem mau.

> *Pense bem: será que algum inocente já chegou a perecer? E onde os retos foram destruídos? Segundo eu tenho visto, os que lavram a iniquidade e semeiam o mal, isso mesmo eles colhem.* vv.7-8

Elifaz toma seu argumento da natureza: "...Pois aquilo que a pessoa semear, isso também colherá" (GÁLATAS 6:7) — que Deus não pune os retos, e que os inocentes não perecem. Isso simplesmente não é verdade, e é essa ideia preconcebida que distorceu o ponto de vista de Elifaz. Ideias preconcebidas existem em nossa própria mente. Se começarmos com a ideia de que Deus nunca permitirá que os inocentes pereçam e então vemos um justo perecendo, teremos que dizer: "Você não pode ser um homem justo, porque a partir do que penso, se você fosse justo, Deus nunca permitiria que você sofresse. Portanto, está provado que você é um homem mau". Quando Jesus Cristo entrou em cena, a ideia preconcebida do povo de Deus era esta: "Nós somos a constituição de Deus, o judaísmo é o que Deus consagrou; portanto, você não pode ser tais coisas", e eles o crucificaram. Nosso Senhor disse que Sua Igreja seria tão completamente tomada por seus precedentes e ideias preconcebidas que quando Ele viesse seria "...como ladrão à noite" (1 TESSALONICENSES 5:2).

Eles não iriam vê-lo porque foram tomados por outro ponto de vista.

Há pessoas que podem silenciá-lo com sua lógica enquanto o tempo todo você sabe que, embora você não possa provar, eles estão errados. Isso é porque a base das coisas não é lógica, mas trágica. Lógica e razão são apenas métodos de lidar com a realidade dos fatos. Não dão nenhuma explicação das coisas como elas são.

A pregação a partir do preconceito (JÓ 5:1-16)

Preconceito significa um julgamento proferido sem considerar suficientemente as provas. Somos todos preconceituosos, e só podemos ver ao longo da linha de nossos preconceitos. A forma como um preconceito atua é vista claramente em Elifaz: ele conhece a Deus, e ele sabe como Ele agirá — Deus nunca permitirá que os justos sofram; consequentemente, quando ele vê os desastres na vida de Jó, profere imediatamente o julgamento sobre ele, dizendo que ele não é justo. Há uma frase de Bacon no sentido de que, se a prosperidade é a bênção do Antigo Testamento, a adversidade é a bênção do Novo[7]. E o apóstolo Paulo afirma que "você precisa saber disto: nos últimos dias sobrevirão tempos difíceis" (2 TIMÓTEO 3:1).

Em cada vida, há um lugar onde Deus deve ter "espaço de manobra". Não devemos julgar os outros, nem devemos criar um princípio de julgamento baseado em nossa própria

---

[7] Francis Bacon, *Ensaios* (1625), "Da adversidade".

experiência. É impossível para um homem conhecer as opiniões do Deus Todo-poderoso. Pregar com preconceito é perigoso, torna um homem dogmático e convicto de que está correto. A pergunta a ser feita por cada um de nós é a seguinte: Eu reconheceria Deus se Ele viesse de uma maneira para a qual eu não estava preparado — se Ele viesse na agitação de uma festa de casamento, ou como carpinteiro? Foi assim que Jesus Cristo apareceu para os preconceitos dos fariseus, e eles disseram que Ele estava louco. Hoje estamos tentando criar um avivamento religioso enquanto Deus visita o mundo em um avivamento moral, e a maioria de nós não começou a reconhecê-lo. As características que se manifestam quando Deus está agindo são autoanulação, autossupressão, entrega a algo ou alguém diferente de mim mesmo, e certamente nunca houve mais evidências dessas características do que por parte dos homens envolvidos nesta guerra.

O pedagogo da arrogância (JÓ 5:17-27)

Elifaz não só tem certeza do que Deus fará, mas afirma que o que Jó está passando é punição das mãos de Deus.

> *Bem-aventurado é aquele a quem Deus disciplina!*
> *Portanto, não despreze a disciplina do*
> *Todo-Poderoso. Porque ele faz a ferida e ele mesmo*
> *a faz sarar; ele fere, e as suas mãos curam.* vv.17-18

Porém o castigo é algo muito menor do que o verdadeiro problema da vida do Jó. O elemento principal da punição é que ela se destina a nos desenvolver, e é um meio de expressão. O maior elemento no sofrimento de Jó não era o castigo, mas o prefácio sobrenatural à sua história (do qual ele nada sabia). Se Elifaz estivesse certo, sua evidência provaria que Jó era um hipócrita. Sua atitude é a de um pedagogo da arrogância. Tenha cuidado com a arrogância da mesma forma como você teria com o veneno. O perigo do pseudoevangelismo é que ele faz do pregador uma "pessoa superior", não que ele seja necessariamente um pretensioso, mas a atitude é produzida pela maneira como ele foi ensinado.

Quando nosso Senhor disse aos discípulos: "Venham comigo, e eu os farei pescadores de gente" (MATEUS 4:19), Sua referência não era ao pescador habilidoso, mas àqueles que usam o arrastão — algo que praticamente não requer habilidade. O ponto é que você não tem que vigiar o seu "peixe", mas você deve fazer a coisa simples, e Deus fará o restante. A linha pseudoevangélica é que você precisa estar vigiando o tempo todo e não perder nenhuma oportunidade de falar às pessoas, e essa atitude é capaz de produzir a pessoa superior. Pode ser um ponto de vista nobre o suficiente, mas produz o tipo errado de caráter. Não produz um discípulo de Jesus, mas muitas vezes produz o tipo de pessoa que cheira a pólvora e as pessoas têm medo de encontrá-la. De acordo com Jesus Cristo, o que temos que fazer é observar a fonte e Ele cuidará do fluxo: "Quem crer em mim [...] do seu interior fluirão rios de água viva" (JOÃO 7:38).

Quem são as pessoas que realmente se beneficiaram por seu intermédio? Elas nunca são as que pensam que se beneficiaram, mas aquelas que são como as estrelas ou os lírios, não há nenhuma noção pretensiosa nelas. Foi essa forma de pseudoevangelismo, tão diferente do evangelismo do Novo Testamento, que fez Huxley[8] dizer: "Eu me oponho aos cristãos: eles sabem muito sobre Deus". Elifaz pode dizer a Jó tudo sobre Deus, mas quando chegamos aos fatos reais, descobrimos que o homem que está criticando Jó não está apto a sentar-se ao lado dele. Elifaz estava em uma condição muito melhor no início quando ainda não abrira sua boca. Até então, ele não era um pretensioso, mas sim um homem enfrentando fatos que ainda não tinham explicação.

Se o estudo do livro de Jó está nos tornando reverentes ao que não entendemos, estamos adquirindo percepção. Há sofrimento do qual você não pode dizer uma palavra. Você não pode pregar "o evangelho do temperamento". Tudo o que você pode fazer é permanecer mudo e permitir que Deus interfira como Ele quiser. A questão para nós é: "Eu creio em Deus além da minha lógica sobre Ele?". A Teologia é uma grande coisa, assim como a crença de alguém. Contudo Deus é maior do que qualquer um deles, e a próxima grande coisa é o meu relacionamento com Ele.

---

[8] Provavelmente Thomas Henry Huxley (1825–95), biólogo e professor inglês.

Capítulo 5

DAS PROFUNDEZAS
Jó 6–7

Ó, o arrependimento, a luta e o fracasso!
Ó, os dias desolados e anos inúteis!
Votos à noite, tão ferozes e desfavorecidos!
Ferroada da minha vergonha e
dor das minhas lágrimas!
Como eu me ajoelhei com os braços
da minha pretensão
Levantados a noite toda no ar irresponsivo,
Atordoado e espantado com muitíssimo desejo,
Vazio com a agonia absoluta da oração!

F. W. H. MYERS[9]

---

[9] F. W. H. Myers (1843–1901), poeta e educador britânico.

A essa altura de seu sofrimento, Jó retrata o terrível desespero que pode se apossar de um homem. No entanto, Jó não está interessado em si mesmo; não é dele a arte de expressar a consciência de cada sintoma da mente e do coração, tão característica de tantos indivíduos introspectivos hoje em dia.

A anatomia da melancolia (JÓ 6:1-14)

*Ah! Se a minha queixa, de fato, pudesse ser pesada,
e contra ela, numa balança, se pusesse a minha
miséria...* v.2

Como afirmado anteriormente, nenhum homem são que pense e que não seja cristão pode ser otimista. O otimismo, separado da crença de um homem e sua aceitação do cristianismo, pode ser saudável, mas é cego. Quando ele se defronta com os fatos da vida como eles são, descoloridos por causa de seu temperamento, o desespero é o único fim possível para ele. Há uma melancolia insana que vem de ter uma ideia fixa sobre as coisas e é o resultado de um cérebro doente. Mas a melancolia de Jó é o resultado de um intenso confrontamento das coisas que lhe aconteceram, e de sua recusa em permitir que suas crenças religiosas o ceguem para o que ele enxerga. Jó se recusa a contar uma mentira, seja pela honra de Deus ou por seu próprio consolo. Quando um homem adentra os arredores da experiência do sofrimento e da perplexidade de Jó e está em contato com os problemas no âmago da vida, ele provavelmente fará uma destas duas coisas: mentir para a honra de Deus ("Devo ser muito pior do que pensei que fosse"), ou então aceitar uma forma de crença que elimina o pensamento. A maioria de nós leva nossa salvação de maneira muito inferior. Não há esperança para Jó, e nenhuma esperança para pessoa alguma na face da Terra, a menos que Deus faça algo por ela. Um resultado da guerra será este: quando um homem enfrenta coisas que conhece, o desespero é inevitável — a menos que haja espaço para Deus realizar seus atos todo-poderosos. Isso pode soar estranho para nós, visto que não refletimos e estamos muito satisfeitos com o que somos; não fomos atingidos desesperadamente. A melancolia de Jó é ocasionada por sua aceitação do pior ponto de vista, não um ponto de vista temperamental.

A raiva contra o mal-entendido (JÓ 6:15-30)

Meus irmãos me enganaram; são como um ribeiro, como a torrente que transborda no vale. v.15

Jó reclama que seus amigos "o enganaram como um ribeiro", ou seja, eles responderam as palavras dele e não ao significado delas (veja Jeremias 15:18 — "Serias tu para mim como ribeiro ilusório, como águas que enganam?").

Um *quaker*, amigo meu, referindo-se a certo homem, disse que não gostava dele porque esse tal homem não odiava adequadamente. A raiva de Jó parece ser do tipo que o apóstolo Paulo menciona: "Fiquem irados e não pequem..." (EFÉSIOS 4:26). Sua raiva era contra o mal-entendido de seus amigos, ele tinha o direito de esperar que eles não entenderiam mal. A razão pela qual eles entenderam mal foi que eles pegaram as palavras de Jó e deliberadamente negaram o significado que eles sabiam que devia estar por trás delas; tal mal-entendido é difícil de ser desculpado. É possível transmitir uma impressão errada repetindo as palavras exatas de outra pessoa, transmitir uma mentira falando a verdade, e este é o tipo de mal-entendido do qual Jó indica que seus amigos são culpados. Eles se apegaram firmemente às palavras literais de Jó e expressaram o ponto de vista deles não a partir de Deus, mas da crença que eles abraçaram. Consequentemente, eles não só criticam Jó e o chamam de mau, mas também deturpam Deus totalmente. A queixa de Jó não é a rasa expressão — "Ninguém me entende!" —, tão frequentemente ouvida. Ele está reclamando de mal-entendido baseado em uma má interpretação. Ele, com efeito, diz: "Vocês me deram conselhos quando eu não solicitei. Estou muito perplexo e só posso me apegar àquilo ao qual estou convencido, ou seja, que não cometi erro. Mas eu estou indignado com vocês por não entenderem".

Em uma crise, as pessoas citam o conselho de Gamaliel: "Neste caso de agora, digo a vocês: Não façam nada contra esses homens. Deixem que vão embora, porque, se este plano ou esta obra vem de homens, será destruído; mas, se vem de Deus, vocês não poderão destruí-los e correm o risco de estar lutando contra Deus..." (ATOS 5:38-39); ou seja, não adianta lutar contra ela. Entretanto, o ponto de vista cristão deveria ser de raiva positiva quando se faz alguém tropeçar. Permanecer indiferente quando há injustiça é colocar-se sob a mesma maldição que Meroz, visto que "não vieram em socorro do SENHOR [...] e seus heróis" (JUÍZES 5:23). Um objetor de consciência não é, necessariamente, um cristão. A consciência é um constituinte do homem natural, mas um cristão é julgado por seu relacionamento pessoal com Deus, não por sua consciência.

A angústia da miséria (JÓ 7:1-11)

Os meus dias são mais velozes do que a lançadeira do tecelão e se findam sem esperança. [...] Por isso, não reprimirei a minha boca. Na angústia do meu espírito, falarei; na amargura da minha alma, eu me queixarei. vv.6,11

A miséria é um grau requintado de tortura, a partir do qual não parece haver alívio (raramente há). Jó sofreu dessa maneira, e muitas pessoas estão sofrendo hoje por causa da guerra. Todos nós passamos por essas coisas como uma experiência passageira, mas com Jó não foi assim; ele enfrentou a real base da vida. É por isso que o livro de Jó está incluído na Bíblia. Suas palavras não são a expressão da miséria e melancolia comuns, são a expressão de um homem face a face com o fundamento da vida humana, que é trágico. Toda vez que Jó abre a boca, ele prova que o "alicerce" do racionalismo se foi, não há nada de lógico no que ele está passando.

A guerra provou que a base das coisas é o que Jó descobriu ser: tragédia; e os homens estão sendo levados a perceber a necessidade da redenção. Enfrentar as coisas como elas são revelará a justificativa de Deus na redenção. Nenhuma quantidade de sacrifício por parte do homem pode tornar a base da vida humana correta: Deus assumiu a responsabilidade por isso, e Ele faz isso de forma redentora. O sofrimento de Jó vem de ele enxergar a base das coisas como elas são. E, enfermo e agressivo como Nietzsche era, sua loucura provavelmente era da mesma fonte. Imagine um homem vendo o inferno sem perceber, ao mesmo tempo, a salvação por meio de Jesus Cristo — sua razão certamente cambaleará. O pseudoevangelismo comete um enorme erro quando insiste na convicção do pecado como o primeiro passo para Jesus Cristo. Quando tivermos chegado ao lugar de ver Jesus Cristo, então Ele pode nos confiar ver a face do pecado.

Ao lidar com homens como Jó ou o apóstolo Paulo, devemos lembrar que estamos lidando com homens que Deus usa para nos dar uma estimativa de coisas que jamais experimentamos. Nós não podemos interpretar Jó à luz de nossas próprias circunstâncias. O problema do mundo inteiro é espelhado para nós nas experiências de Jó.

O apelo por misericórdia (Jó 7:12-21)

Jó dá expressão a uma situação que não nos é estranha quando diz: "Será que eu sou o mar ou algum monstro marinho, para que me ponhas sob guarda?" (v.12). Em certas ocasiões de angústia, o coração humano diz a Deus: "Gostaria que me deixasse em paz; por que eu deveria ser usado para coisas que não me atraem?". Na vida cristã, não somos usados para nossos próprios projetos, mas para o cumprimento da oração de Jesus Cristo. Ele orou para que possamos ser um com Ele, como Ele é um com o Pai; consequentemente, Deus está preocupado apenas com isso, de forma que Ele jamais diz: "Com sua licença...". Goste você ou não, Deus nos provará em Seu fogo até que estejamos tão puros quanto Ele, e é durante o processo em que clamamos, como fez Jó: "Eu gostaria que me deixasses em paz". Deus é o único ser que pode se dar ao luxo de ser mal compreendido; nós não podemos, Jó não poderia, mas Deus pode. Se formos mal compreendidos, resolvemos o mal-entendido assim que pudermos. Santo Agostinho orou: "Ó Senhor, liberta-me dessa luxúria de sempre me justificar". Deus nunca se justifica, Ele deliberadamente se afasta e permite todo tipo de calúnias sobre Ele, mas Ele não se apressa.

Temos a ideia de que prosperidade, ou felicidade, ou moralidade, é o objetivo final da existência de um homem. De acordo com a Bíblia, o objetivo é outro, isto é, "glorificar a Deus e adorá-lo para sempre"[10]. Quando um homem é justo diante de Deus, o Senhor põe Sua honra na guarda daquele homem. Jó foi um daqueles em quem Deus colocou Sua honra, e foi durante o processo de Seus caminhos inexplicáveis que Jó fez seu apelo por misericórdia, e ainda assim, por toda a parte, surge sua confiança implícita em Deus. "E bem-aventurado é aquele que não achar em mim motivo de tropeço" (MATEUS 11:6), disse o nosso Senhor.

---

[10] Do *Breve Catecismo de Westminster*.

Capítulo 6

MAIS PERGUNTAS DO QUE RESPOSTAS
Jó 8

Se pudesses esvaziar a ti mesmo de tudo,
Como uma concha desabitada,
Então Ele poderia encontrá-lo no fundo do oceano
E dizer: "Isto não está morto",
E preencher-te com Ele próprio.
Mas tu estás repleto contigo mesmo,
E tem tal atividade astuta,
Que, quando Ele vem, Ele diz:
"Ele se basta a si mesmo.
É melhor deixá-lo assim, pois
É tão pequeno e cheio que não há espaço para mim".

T. E. BROWN[11]

---

[11] Thomas Edward Brown (1830–97), poeta inglês.

Bildade difere de Elifaz em sua condenação a Jó: Elifaz declara assertivamente que Jó está errado, enquanto Bildade toma outra linha — a de fazer perguntas. Nenhuma delas chega perto da razão do sofrimento de Jó. Há um elemento de "Sim, mas" em todos nós, e, para a maioria de nós, os problemas que estão quase sufocando alguém não têm significado. Eles parecem exagerados e impetuosos. Bildade não começou a detectar onde estava o verdadeiro problema do sofrimento de Jó, e devemos ter cuidado em nossa atitude em relação às pessoas que estão sofrendo, a fim de que não erremos ao imaginar que nosso ponto de vista é o único. Bildade intimida Jó fazendo perguntas. Essa é geralmente a maneira do homem que se recusa a enfrentar os problemas.

A reclamação do "Como" (JÓ 8:1-2)

Então Bildade, o suíta, tomou a palavra e disse: "Até quanto você falará estas coisas? E até quando as palavras da sua boca serão como um vento impetuoso?" vv.1-2

Bildade desvia a atenção do que está motivando Jó falar suas legítimas palavras — "Por que você fala tanto?" — sem, contudo, dar-se ao trabalho de descobrir a razão. Quando nos deparamos com um homem blasfemo e boca suja, qualquer um de nós está pronto para repreendê-lo, exceto por aquele que tentará descobrir por que ele fala de tal maneira. Jó está procurando alguém que entenda o que está por trás de sua fala, mas ele encontra apenas aqueles que estão longe de seu problema.

Dizer que, por Jó ter vivido em outro tempo, o que ele passou não se aplica a nós, é mudar de assunto de forma fácil e artificial. Existem características que são diferentes, mas os problemas encontrados no livro de Jó permanecem os mesmos até hoje. De acordo com argumentos consistentes, o santo do Novo Testamento deve estar muito à frente do santo do Antigo Testamento; mas, na realidade, nenhuma pessoa no Novo Testamento é superior às do Antigo Testamento. A revelação da redenção fornecida por nosso Senhor Jesus Cristo é retrospectiva em nossos dias e prospectiva no Antigo Testamento. Jó vai até o âmago dos problemas que tornam a redenção necessária, enquanto Bildade, com seu questionamento incessante e modo devoto de lidar com os problemas, está se esquivando realmente de tudo.

O lugar do "será" (JÓ 8:3)

Será que Deus perverteria o direito? Será que o Todo-Poderoso perverteria a justiça? v.3

O truque do preguiçoso sincero é apresentado em Bildade, o que é sempre o resultado de ser atingido inesperadamente. Somos todos preguiçosos sinceros, mais ou menos. Quando nos encontramos subitamente discernidos, num instante desviamos o discernimento para outra coisa (VEJA JOÃO 4:16-20). Ao colocar essas abstrações diante de Jó,

Bildade está insinuando que o problema de Jó não é tão difícil de entender, pois seu sofrimento é causado por seu próprio erro, e a punição de Deus está perfeitamente correta. É algo difícil continuar com alguém que persiste em apresentar uma suposição abstrata como fato concreto.

A filosofia do "se" (JÓ 8:4-6)

> *Se os seus filhos pecaram contra ele [...]. Mas, se você buscar a Deus [...], se você for puro e reto...* vv.4-6

A implicação por trás de todas essas suposições é: "Mesmo que você esteja tão errado quanto Elifaz afirmou, você não está sofrendo tanto quanto imagina, e não há nenhum grande problema no âmago das coisas. Deus não é injusto, mas você é, e essa é a razão para tudo isso". Quando os problemas estão pressionando muito, há sempre alguém que traz uma sugestão do "se", ou "mas", ou "como", para nos desviar do caminho. Se nossos problemas podem ser resolvidos por outros homens, eles não são problemas, mas simplesmente estados de confusão. Quando experimentamos os verdadeiros problemas da vida, que não têm resposta explícita, exceto pelo Planejador da vida, estamos exatamente onde Jó estava, e podemos entender sua petulância com aqueles que tentaram dar-lhe respostas. Se os amigos de Jó tivessem permanecido calados e reverentes com o que não entendiam, como fizeram durante os primeiros sete dias, teriam sido um grande consolo para Jó. Eles também teriam se aproximado do lugar onde Jó finalmente chegou e não teriam sido repreendidos por Deus.

O "evangelho do temperamento" funciona muito bem se você está sofrendo apenas de nevralgia psicológica, por assim dizer, e tudo que você precisa é de uma xícara de chá. Mas se você tem uma reclamação muito profunda, a sentença para "animar-se" é um insulto. Qual é a utilidade de dizer a uma mulher que perdeu o marido e os filhos na guerra para "animar-se e olhar pelo lado bom"? *Não* há lado bom, é treva absoluta, e se Deus não pode vir ajudá-la, verdadeiramente ela está em uma condição lamentável. É parte do papel de um homem ser honesto o suficiente para saber quando ele está apto para casos como este. Um evangelho baseado em noções preconcebidas é meramente irritante. Bildade tinha sua crença e sua noção sobre Deus: "Meu ponto de vista de Deus não pode estar errado, portanto você deve estar"; Jó não se encaixa nisso, portanto é uma perspectiva ruim para Jó.

A postura superficial (JÓ 8:8-10)

Por favor, pergunte agora aos que são de gerações passadas e atente para a experiência dos pais deles [...]. Será que os pais não o ensinarão, falando com você? Será que do próprio entendimento não proferirão estas palavras? vv.8,10

A linha de pensamento que Bildade apresenta nesses versículos é como um homem dizendo aos pacientes de um hospício que é melhor ser sadio do que louco — mas enquanto isso eles são loucos! Bildade nega que Jó esteja enfrentando um problema que seus antepassados nunca enfrentaram. Estamos aptos a esquecer que há sempre um elemento no sofrimento humano que jamais houve antes. Tennyson[12] coloca isso muito bem no poema *In Memoriam*:

> Alguém escreve: "Outros amigos permanecem",
> Ou: "a perda é comum à corrida" —
> E comum é o lugar-comum,
> Palha vazia passando-se por grão;
> Essa perda ser comum não faz
> A minha própria menos amarga, mas ainda mais:
> Comum demais! Nunca a manhã torna-se
> Noite sem partir algum coração.[13]

Há muita alegria e tristeza semelhantes no caso de todas as pessoas, mas sempre um elemento totalmente diferente. Aquele que é dado a superficialidades foge disso. Do lado humano, a única coisa a fazer por um homem que está enfrentando esses problemas mais profundos é permanecer gentilmente agnóstico. A maior bênção que um homem pode encontrar em outro não está em suas palavras, mas no que ele sugere: "Não sei a resposta para o seu problema. Tudo o que posso dizer é que só Deus deve saber. Vamos a Ele". Teria sido muito mais eficaz se os amigos tivessem intercedido por Jó. Se eles tivessem dito: "Isso é um assunto

---

[12] Alfred Tennyson (1809–92), poeta inglês.

[13] Tradução livre.

para Deus, não para nós. Nossa crença não pode começar a abordá-lo". Mas tudo o que fizeram foi "tagarelar" e dizer a Jó que ele estava errado. Quando Deus interveio, Ele colocou sua marca no que Jó havia declarado sobre Ele, e Sua desaprovação sobre o que os amigos tinham dito.

Se a redenção não é a base da vida humana, e a oração, o único recurso do homem, então estamos "seguindo fábulas engenhosamente inventadas..." (2 PEDRO 1:16). Repetidas vezes, durante esta guerra, os homens se voltaram para a oração, não no extremo da fraqueza, mas da limitação. Sempre que um homem ultrapassa o limite, ele inconscientemente se volta para Deus. Elifaz alegou saber exatamente onde Jó estava, e Bildade afirma a mesma coisa. Jó estava ferido, e esses homens tentaram curá-lo superficialmente. O papel do consolador não é o de pregar, mas sim do companheiro que não diz nada e ora a Deus sobre o assunto.

O melhor que você pode fazer por aqueles que estão sofrendo não é falar de banalidades, não é questionar, mas é entrar em contato com Deus, e as "obras maiores" serão feitas por meio da oração (VEJA JOÃO 14:12-13). Os amigos de Jó nunca oraram por ele. Tudo o que fizeram foi tentar provar um ponto de vista a fim de enriquecer as próprias crenças a partir do sofrimento de Jó. Não temos a intenção de entender a vida. A vida nos torna o que somos, mas a vida pertence a Deus. Se eu puder entender uma coisa e defini-la, sou o mestre dela. Não consigo entender ou definir a vida, não consigo entender ou definir Deus; consequentemente, não sou mestre de nenhum dos dois. A lógica e a razão estão sempre em busca de definição, e tudo o que não pode ser definido está apto a ser desafiado. O racionalismo geralmente desafia Deus e desafia a vida. Mas ele não abarcará nada que possa ser definido de forma racional enquanto se esquecer que as coisas elementares que compõem a vida humana não podem ser definidas.

Há professores hoje que bancam os tolos em tais posições elementares. Declaram que podem dar orientação, mas só conseguem causar uma quantidade insondável de dano. Um homem é um criminoso por saber algumas coisas que ele não tem o direito de conhecer. A maldição primária de Deus veio sobre Adão quando ele comeu o fruto da árvore do conhecimento do bem e do mal. Era para Adão conhecer o bem e o mal, mas não comendo o fruto da árvore. Deus queria que ele conhecesse o bem e o mal da maneira que Jesus Cristo o conhecia, ou seja, por simples obediência ao Seu Pai. Nenhum de nós, por natureza, conhece o bem e o mal dessa maneira, e quando nascemos do alto temos que tomar cuidado de lidar reverentemente com as coisas elementares subjacentes à vida.

A questão do "poder" (JÓ 8:11)

Pode o papiro crescer fora do pântano? Ou cresce o junco sem água? v.11

Bildade usa um argumento tirado da natureza e tenta tornar sua abordagem consistente com sua ilustração. Estamos aptos a explorar uma ilustração até a morte em sequência lógica, mas a Bíblia nunca faz isso. Uma ilustração deveria ser simplesmente uma janela, que não chama a atenção para si mesma. Se você pegar uma ilustração da natureza e aplicá-la à vida moral ou espiritual de um homem, você não será fiel aos fatos, pois a lei natural não age no mundo espiritual. Dado que uma lei não é algo concreto, mas uma abstração mental construtiva pela qual a mente humana explica o que vê. Deus diz: "Restituirei os anos que foram consumidos pelos gafanhotos..." (JOEL 2:25). Isso não é uma lei natural, e, ainda assim, é o que acontece no mundo espiritual. No mundo natural é impossível ser refeito, mas no mundo espiritual é exatamente o que Jesus Cristo torna possível. "Em verdade, em verdade lhe digo que, se alguém não nascer de novo, não pode ver o Reino de Deus" (JOÃO 3:3).

A verdade é que, como *existe* uma lei no mundo natural, *existe* uma lei no mundo espiritual, ou seja, uma maneira de explicar as coisas, mas a lei não é a mesma em ambos os mundos. Bildade pega sua ilustração do papiro e do junco e a aplica a Jó, mas ele está mais preocupado em ser consistente em sua ilustração do que com os fatos da experiência de Jó. Se você é um adepto da lógica, frequentemente pode ganhar um debate e ainda se sentir errado. Você leva a melhor na disputa com algumas pessoas porque a mente delas não é inteligente; mas quando você se afasta de sua onda de triunfo, você sente que perdeu completamente a causa. Você venceu o debate, mas não o fato. Você não pode chegar na base das coisas por meio da disputa. Nosso Senhor fica em segundo lugar em argumentos lógicos, e ainda assim você sabe que Ele, na realidade, sai mais que vencedor (VEJA ROMANOS 8:37). Jesus Cristo viveu no domínio moral e, de certa forma, o intelecto não tem utilidade lá. O intelecto não é um guia, mas um instrumento.

A prática da piedade (Jó 8:12-22)

Eis que Deus não rejeita o íntegro, nem tomas os malfeitores pela mão. v.20

Bildade está cultivando à margem de sua visão, por assim dizer. Este é um truque da piedade não baseada no relacionamento pessoal com Deus. Bildade aparentemente está falando de uma abstração enquanto o tempo todo ele está criticando Jó — é Jó quem é o hipócrita e a fraude. Não é a maldade em Bildade que o leva a fazer isso, mas a "limitação" — ele está "repleto consigo mesmo". Bildade nunca viu a Deus, enquanto Jó está se aproximando do lugar onde vai contemplá-lo. Todo o deus que Bildade tem é a sua crença. Se ele tivesse conhecido o verdadeiro Deus, Bildade teria orado a Ele e teria reconhecido os fatos que eram grandes demais para si. Sempre que colocamos nossa convicção em uma crença, em lugar de crer em Deus, tornamo-nos esse tipo particular de absurdo. "Envolver o errado pelo o que considero certo" é o truque de cada ser humano que prioriza seu credo antes do seu relacionamento com Deus.

Durante esta guerra, muitos homens descobriram a diferença entre sua crença e Deus. No início, um homem imagina que ele tem se desviado porque perdeu a crença em suas crenças, porém mais tarde descobre que ganhou Deus, ou seja, ele se deparou com a realidade. Se a realidade não é encontrada em Deus, então Deus não é encontrado em lugar nenhum. Se Deus é apenas uma crença ou uma declaração de crença religiosa, então Ele não é real. Mas se Deus é, como o livro de Jó traz à tona, Aquele com quem um homem entra em contato pessoal de outras maneiras que não mediante seu intelecto, então qualquer homem que toque a realidade das coisas entra em contato com Deus.

Capítulo 7

AGNOSTICISMO
Jó 9–10

Lancem-se adiante e bravamente
façam a sua parte,
Ó, cavaleiros do coração desprotegido!
Adiante sempre! — para fora
Do reduto da torre prudente.
E principalmente no ataque corpo a corpo,
Cair, mas ainda assim levantar-se novamente.

R. L. STEVENSON

O agnosticismo nem sempre é a coisa deplorável que se imagina ser. Um agnosticismo intelectual reconhecido é algo saudável. A dificuldade surge quando o agnosticismo não é reconhecido. Ser agnóstico significa reconhecer que há mais do que sei, e que se eu quiser saber mais, deve ser por revelação.

A refração cósmica de Deus (JÓ 9:1-12)

Se você aceitar a apresentação de Deus mediante Jesus Cristo e, então, olhar para a ordem atual do Universo material, você descobrirá o que significa a frase "a refração cósmica de Deus". Sempre que Deus se apresenta na atual ordem das coisas, Ele aparece refratado, ou seja, distorcido à nossa razão. Não podemos compreendê-lo. Quando um homem fica face a face com a natureza, Deus parece ser Todo-poderoso, em oposição a todas as suas concepções. Deus permite, no mundo cósmico, coisas que são uma refração, que não seguem na simples linha reta onde a minha mente diz que deveriam estar. "Se Deus escolher ser Todo-poderoso contra mim, o que será de mim?", Jó diz com propriedade. "Se quiser discutir com ele, nem a uma de mil coisas lhe poderá responder" (JÓ 9:3). O excêntrico antigo poeta, George Herbert, tem um poema no qual esta frase se repete:

Não sejas, Todo-poderoso, deixe-me dizer,
Contra mim, mas a meu favor.

A razão para a agonia e angústia de Jó não é temperamental. Ele foi trazido ao âmago das coisas e encontra ali tragédia e um abismo. A única saída é por meio da redenção. Enquanto isso, Jó declara a perplexidade como parece a um homem que está realmente começando a pensar. Todos nós em nossos dias e gerações, se pensamos profundamente ou não, enfrentamos este problema: Se Deus é amor, por que Ele permite que o falcão mate o pardal? Tennyson apresenta isso desta forma: "A natureza, de dentes vermelhos e garras". Por que Ele permite que um animal se alimente de outro? Por que as nações lutam entre si? Essas não são perplexidades passageiras, mas quebra-cabeças reais, e a única coisa a fazer é negar os fatos ou confessar que somos agnósticos. Jó está enfrentando o problema de que as coisas não parecem ser como deveriam se Deus é o tipo de Deus que sua crença implícita o obriga a declarar que Ele deveria ser. Os amigos de Jó negam os fatos. Eles não vão admitir que haja qualquer perplexidade, e dizem a Jó: "A razão pela qual Deus aparece refratado, distorcido é porque você mesmo está assim".

A força cósmica faz Deus parecer indiferente, cruel e distante, e se você se tornar um suplicante especial de qualquer crença em particular fechará os olhos para os fatos. A única revelação que fornece certa linha de explicação é que há algo errado na base das coisas, e daí vem a retração. O apóstolo Paulo diz que a criação está sem controle e distorcida. Ela está aguardando "a revelação dos filhos de Deus" (ROMANOS 8:19). Enquanto isso, o problema permanece.

Olhe para o mundo através de um microscópio ou de um telescópio e você será apequenado no terror pelo que é infinitamente minúsculo ou infinitamente grande, pois ambos são terríveis. Quando você toca a força cósmica, sem o uso do intelecto, há um problema impensado nele. A natureza é selvagem, não domesticada. Nenhum homem é capaz de resolver o enigma do Universo porque o Universo é insano, e a única coisa que vai corrigi-lo não é a razão do homem, mas a sabedoria de Deus que se manifesta na redenção em Jesus Cristo. Um cristão é um agnóstico intelectualmente declarado. Sua atitude é: "Cheguei ao limite do meu conhecimento, e humildemente aceito a revelação de Deus apresentada por Jesus Cristo".

O ressurgimento consciente da bondade (Jó 9:13-20)

> *Como então poderei eu responder a ele? Como escolher as minhas palavras para argumentar com ele? Ainda que eu fosse justo, não lhe responderia, pelo contrário, pediria misericórdia ao meu Juiz.* vv.14-15

"Ressurgimento" é usado aqui para significar a reconsideração de um julgamento anterior. A maioria de nós começa com a crença de que Deus é bom e gentil, e que Ele prospera aqueles que nele confiam. Jó acreditava nisso, mas ele tem um ressurgimento consciente contra essa convicção agora; e é a bondade de Jó, não sua maldade, que o faz reconsiderar as coisas. Há elementos na experiência de todos nós que exigem uma revisão de nossos julgamentos confessionais sobre Deus. Há também outros que não entrarão em nossa declaração quanto ao tipo de ser que Ele é.

Elifaz e Bildade não têm problemas com isso. O único objetivo deles é condenar Jó como um crápula. O sinal de desonestidade na crença de um homem é ele descobrir defeitos em todos, menos nele mesmo — "Não é possível que eu esteja enganado sobre a minha visão de Deus". Bildade e Elifaz não admitiriam que poderiam estar errados. Eles tiveram o banimento da finalidade[14] quanto ao ponto de vista deles.

Problemas sempre surgem quando os homens não reconsideram suas opiniões sobre Deus. Bildade diz a Jó que se ele fosse reto não sofreria como estava sofrendo. Jó afirma: "Eu sou justo, e ainda assim tudo deu errado para mim". Jó apegou-se firmemente aos fatos, não à consistência de sua crença. Frequentemente é dito que um homem é um incrédulo quando ele simplesmente ultrapassa sua crença. É uma coisa muito dolorosa para um homem descobrir que suas opiniões declaradas sobre Deus não são adequadas. Nunca diga uma mentira pela honra de Deus. É uma coisa fácil de se fazer. Jó recusa uma apresentação de Deus que não enfrente os fatos. Ele não é cético a respeito de Deus e em nada hesita sobre Sua existência, mas ele discursa o tempo todo contra a maneira como Deus está sendo apresentado.

---

[14] Ver nota 5.

A reação concentrada do sofrimento (JÓ 9:21-35)

Porque ele não é ser humano como eu, a quem eu responda, se formos juntos ao tribunal. Não há entre nós árbitro que ponha a mão sobre nós dois. vv.32-33

Jó fornece expressão a uma nova concepção de Deus. Sua esperança é que um árbitro surja, e que não apenas justifique a Deus, mas também o justifique. "A minha crença não faz isso", diz ele, "nem a minha experiência, nem a minha forma de ver as coisas". Foi o sofrimento que trouxe Jó a esta condição, e o sofrimento é o único elemento que o justificará. Não é a alegria nem a prosperidade, mas o sofrimento. O grande fator na vida de Jesus Cristo, o redentor do mundo, é esse mesmo elemento — "Todavia, ao Senhor agradou esmagá-lo..." (ISAÍAS 53:10). Uma vez que o sofrimento toca um homem, ele torna-se cheio de reações, ele diz coisas rancorosas por estar ferido, mas o sofrimento conduz finalmente esse homem ao ponto de vista certo, ou seja: que a base das coisas é trágica. Enquanto se está feliz e tudo dá certo, citamos o que um famoso filósofo disse: "Este é o melhor dos mundos possíveis". Claramente não é, e a Bíblia revela por que não é. O mundo como Deus o planejou originalmente era o melhor de todos os mundos possíveis, mas agora se tornou o pior de todos os mundos possíveis. Na verdade, a Bíblia revela que não poderia ser pior do que é. Indivíduos que escolhem o mal pioram, mas o mundo em si não pode piorar. O sofrimento leva o homem a enxergar isso mais rapidamente do que qualquer outra coisa, e ele anseia por um árbitro que manterá a balança justa.

Não adianta dizer a Jó que Deus não existe ou que ele não sofreu: ele teve muita experiência com Deus e de sofrimento. É inútil dizer a Jó que sua crença é o árbitro que medeia entre ele e Deus: muita coisa fica sem solução. Jó é o tipo de homem que nunca repousaria na igreja, ou em relação às Escrituras. Ele precisa de realidade viva. O homem que descansa em uma crença está apto a ser um covarde e a opor-se a entrar em um relacionamento pessoal com Deus. O principal objetivo do cristianismo não é a recusa em enfrentar os fatos, mas uma questão de relacionamento pessoal, e é o tipo de enfrentamento que Jó teve que traz um homem a esta condição.

As concepções para a rejeição (Jó 10:1-17)

As declarações de Jó são a última palavra na expressão de certas formas de sofrimento. Esses versículos em particular são imponentes e fantásticos. Jó está tentando dizer à sua própria mente por que Deus parece tê-lo rejeitado, e também por que ele deveria rejeitar a maneira como Deus está sendo apresentado a ele.

> *Bem sabes que eu não sou culpado; todavia, não há ninguém que possa me livrar da tua mão. As tuas mãos me plasmaram e me fizeram, porém, agora, queres destruir-me.* vv.7-8

Desde o início, Jó baseia suas concepções nos fatos que ele conhece, e esta é a única coisa a fazer, embora muitos de nós preferisse contar uma mentira pela honra de Deus do que enfrentar os fatos. Um fanático é aquele que se entrincheira na invencível ignorância.

Jó não aceitará nada que contradiga a realidade que ele conhece. Ele não é melancólico. Não diz que Deus é cruel, ele simplesmente afirma os fatos: "Parece que Deus está me rejeitando sem qualquer razão, todos os fatos provam isso e eu não vou evitá-los". Jó não colocará uma unção lisonjeira à sua alma, como por conveniência. Nenhum homem coloca um obstáculo no caminho dos outros por dizer a verdade. Dizer a verdade é mais honrado para Deus do que contar uma mentira. Se Deus lhe fez algo, você saberá sem dúvida; mas se Ele não fez, nunca diga que Ele fez pelo bem de outras pessoas. Jó se apega aos fatos, e é isso o que confunde seus amigos. Mas, no final, Jó é colocado face a face com Deus.

O caso para o refúgio (JÓ 10:18-22)

Não são poucos os meus dias? Cessa, pois, e deixa-me em paz, para que por um pouco eu tome alento, antes que eu vá para o lugar do qual não voltarei, para a terra das trevas e da sombra da morte. vv.20-21

"Não vejo saída", diz Jó. Ele se deita, não em fraqueza, mas em exaustão absoluta. Jó não está amuado, mas dizendo que, a menos que Deus seja um refúgio para ele, não há saída, e a morte é a única certeza. Em todas as crises da vida, como representadas no Antigo Testamento, bem como no ensino de nosso Senhor, este aspecto de Deus é enfatizado: "Deus é o nosso refúgio..." (SALMO 46:1). No entanto, até sermos atingidos pela tristeza, é a última coisa que buscamos que Deus seja. Há uma diferença entre a fraqueza de se recusar a pensar e a fraqueza que vem de enfrentar os fatos como eles realmente são. Jó está vendo, pela primeira vez, que Deus é o único refúgio, a única saída para ele. Ainda assim, ele não pode chegar a Deus por meio de sua crença, porque ela é plenamente confusa. A única coisa a fazer é lançar-se em Deus.

É esse aspecto de Deus que está na base da redenção. Quando um homem é convencido do pecado (que é a maneira mais direta de saber que há um problema na base da vida), ele sabe que não pode carregar o seu próprio fardo. Ele também sabe que Deus não ousa perdoá-lo; se Ele o fizesse, significaria que o senso de justiça do homem é maior do que o de Deus. Se eu for perdoado sem que eu seja transformado, o perdão não será apenas prejudicial a mim, mas indicará um sinal de fraqueza absoluta em Deus. A menos que seja possível que o perdão de Deus estabeleça uma ordem de santidade e retidão em minha vida, tal perdão é algo comum e abominável.

O problema humano é muito grande para um homem resolver, mas se ele se lançar sem perplexidade em Deus, ele descobrirá que o Senhor é o tipo de refúgio a que Jó está se referindo. Não sabemos nada sobre a redenção ou sobre o perdão até estarmos envoltos por um problema pessoal.

Então começamos a entender por que precisamos recorrer a Deus, e quando nos voltamos a Ele, Deus se torna um refúgio e um abrigo, um descanso completo. Até o presente, Jó não teve refúgio em lugar algum. Agora ele anseia por isso. Quando um homem recebe o Espírito Santo, seus problemas não são alterados, mas ele tem um Refúgio do qual ele pode lidar com eles. Antes, ele estava no mundo sendo espancado, agora o centro de sua vida está aquietado e ele pode começar, pouco a pouco, a descobrir as coisas e relacioná-las corretamente.

Capítulo 8

PRETENSÃO
Jó 11

Não tenho conhecimento, sabedoria,
discernimento, pensamento
Ou compreensão aptos a justificar
A ti em tua obra, ó, Perfeito. Tu me trouxeste
Até isso — e, veja!, o que causaste,
Não posso chamá-lo de bom. Mas posso gritar:
"Ó inimigo, o criador ainda não agiu:
Um dia tu o contemplarás,
E a partir da visão hás de fugir".

GEORGE MACDONALD

Provocando a indignação quanto ao ego alheio (JÓ 11:1-4)

*Então Zofar, o naamatita, tomou a palavra e disse:
"Será que todas essas palavras ficarão sem resposta?
Por acaso, tem razão o falador?"* vv.1-2

Zofar está expondo a característica da linguagem de Jó. Ele começa acusando Jó de usar "todas essas palavras" (JÓ 11:2), cegando sua mente para o ponto em questão. Se você está irritado com alguém, note o quanto você está desconfortavelmente consciente de que há um elemento nele que você não consegue alcançar, mas, em vez de admitir o reconhecimento dessa qualidade, você se esforça em uma indignação contra o âmago pessoal dele. Zofar chegou à conclusão de que Jó está errado, sua crença está errada, e "apenas eu sou justificado". Este truque de provocar uma indignação contra o ego alheio é um subterfúgio muito comum quando estamos envergonhados por um problema envolvendo nossa autoestima. A tentação vem para ceder ao humor pretensioso, e usamos termos de indignação justa para condenar algo de que não somos culpados, enquanto o tempo todo podemos ser culpados de algo dez vezes pior.

Invocação superficial (JÓ 11:5-10)

Mas quem dera que Deus falasse e abrisse os seus lábios contra você, e lhe revelasse os segredos da sabedoria [...]. Será que você pode desvendar os mistérios de Deus ou descobrir a perfeição do Todo-Poderoso? vv.5-7

Outro truque da religião pretensiosa é apelar a Deus para apoiar uma posição que é obviamente questionável. Aqui, Zofar inclui Deus como seu aliado em seu ataque a Jó. Fazemos isso em nossa maneira de orar. Nossas invocações e repetições muitas vezes brotam de falsas emoções. Elas não são espontâneas. A maioria de nós declamamos diante de Deus; não oramos. Dizemos em oração o que devemos dizer, não o que é realmente natural para nós dizer. Pode parecer uma prece muito interessante e nobre, mas não é nossa, é mero bronze que soa e címbalo que retine, e não há realidade nela.

Outra forma de invocação superficial envolve a ideia de que Deus está punindo nossa nação por certos erros, em vez de percebermos a presença de algo mais profundo. Quando enfrentamos problemas, devemos ter o cuidado de sermos reverentes e silenciosos, principalmente com o que não entendemos. Invocar a Deus é um exercício da melhor disposição espiritual, e raramente estamos em um estado de espírito suficientemente elevado para isso. Invocar a Deus presumindo que o conhecemos chega perto da blasfêmia.

Autoconsciência da instrução importante (JÓ 11:11-15)

...se lançar para longe a iniquidade de suas mãos e não permitir que a injustiça habite na sua tenda,

então você levantará o seu rosto sem mácula, estará seguro e não temerá. vv.14-15

Zofar tenta instruir Jó fundamentado em uma base totalmente falsa. Ele declara que Jó nunca terá sabedoria. "Mas os tolos se tornarão sábios quando a cria de uma jumenta selvagem nascer homem" (JÓ 11:12). Este é o mais longe que Zofar chega ao lidar com um homem que se eleva muito acima dele! Primeiro, ele desperta a sua indignação contra a pessoa de Jó, depois toma um viés religioso e, então, um instrutivo, que coloca, de uma vez, o seu ego equivocado acima de tudo. A característica desse tipo de instrução é que ela é autoconsciente. A instrução mais valiosa na vida moral nunca vem de pessoas que nos instruem conscientemente, pois não somos ensinados moralmente como somos intelectualmente. Sempre resultará em confusão se pegarmos o método de instrução usado na vida intelectual e o aplicamos à vida moral, e fizermos de certas pessoas instrutores morais. É um fracasso para qualquer ser humano ousar se colocar na posição de um superior moral sobre outro homem, e isso é o que Zofar fez com Jó.

Nenhum homem é, conscientemente, um superior moral sobre outro homem. Se ele é superior intelectualmente, isso é em grande parte uma questão de criação familiar. A verdadeira base da instrução moral reside em algo mais profundo, ou seja, em Deus; e a instrução de Deus é simbolizada pelo sacramento cristão, que significa a presença real de Deus sendo transmitida a nós por meio de elementos comuns. Deus usa crianças, livros e flores na instrução espiritual de alguém, mas Ele raramente usa o esnobe autoconsciente que conscientemente instrui. O tipo "Zofar" tem aparecido com recorrência ao longo dos séculos cristãos — o homem que presume saber —, e é frequente que o homem comum seja levado a dizer: "Se especialistas em assuntos espirituais não sabem essas coisas, como eu deveria saber?". Não há especialistas em assuntos espirituais como existem em questões científicas. O especialista espiritual não o é conscientemente, porque a própria natureza da instrução espiritual é que ela é inconsciente de si mesma. É a vida de uma criança, manifestando obediência, não ostentação. Nosso Senhor descreve o especialista espiritual em Mateus 18:4 — "Portanto, aquele que se humilhar como esta criança, esse é o maior no Reino dos Céus".

Autocomplacência da integridade sentimental (JÓ 11:16-20)

> *Pois você esquecerá os seus sofrimentos e só lembrará deles como de águas passadas. A sua vida será mais clara que o meio-dia; ainda que haja trevas, serão como a manhã.* vv.16-17

Zofar é o tipo de demagogo, o homem que governa com sua língua. Qualquer tipo de crença absoluta termina onde Zofar terminou — na abordagem sentimental, onde as coisas chegam a um tom de apresentação entusiasta e não baseada em fatos. A abordagem sentimental cega o pensamento do homem com um êxtase de pensamento. Ela permite que um orador desperte o sentimento humano e a simpatia, mas, ao lidar com problemas, prova ser uma falsa abordagem. Ela dá conselhos impertinentes a um homem que está com o coração arrasado. Zofar diz saber exatamente o tipo de integridade que permanecerá diante de Deus e diante do homem.

A indignação contra o ego hoje em dia não está na abordagem "Zofar", mas no "antizofar", ou seja, a antirreligiosidade. Antes da guerra não era uma tolice religiosa, mas irreligiosa, que era predominante. Os homens fingiam não ser religiosos enquanto, secretamente, eram.

Se você é uma pessoa religiosa do tipo "Zofar" e pode desenvolver suficiente indignação religiosa, você chegará à conclusão de que você e Deus devem estar associados, e que é completamente impossível que você esteja errado. Então, você começará a instruir os outros com a mesma abordagem, e inevitavelmente terminará colocando as coisas sob uma luz totalmente falsa.

Capítulo 9

NA TRILHA
Jó 12-14

A verdadeira religião é apostar a vida de alguém que existe um Deus.

DONALD HANKEY

A acusação da intolerância (JÓ 12:1-5)

> *Então Jó respondeu: "Na verdade, vocês são o povo, e com vocês morrerá a sabedoria. Mas eu também tenho entendimento; em nada sou inferior a vocês. Quem não sabe coisas como essas?".* vv.1-3

Jó está falando em um tom de aborrecimento. Ele se rebela contra a intolerância de seus amigos, que não lhe dão crédito por ter bom senso. Se falarmos com um homem que está lidando com as questões fundamentais, ele pode parecer não prestar atenção a qualquer explicação de bom senso que oferecemos, visto que suas profundezas estão além de nossas profundezas; então imediatamente afirmamos que ele não tem bom senso e voltamos para nossas próprias questões rasas. Os amigos cobram de Jó a falta de observância do óbvio, e Jó responde: "Estou enfrentando coisas com as quais vocês nem começaram a sonhar. Por que não mergulham nas profundezas comigo, ou então ficam em silêncio, se não podem me dizer o que fazer?". Uma visão religiosa que faz com que um homem lide apenas com o lado superficial de algo contém em si mesma o banimento da finalidade.

Senso comum de inferência irrefutável (JÓ 12:6-25)

> *De todos estes, quem não sabe que a mão do Senhor fez isto? Na sua mão está a vida*

de todos os seres vivos e o espírito de todo o gênero humano. vv.9-10

Jó acusa os amigos de contar mentiras pela honra de Deus. Esse é o perigo de colocar a teologia em primeiro lugar. Fazê-lo leva um homem a dizer uma mentira para ser coerente com seu ponto de vista. Jó não está falando com a visão de refutar a Deus, mas de provar que as concepções religiosas daqueles homens não estão corretas. As coisas que Jó afirma são de senso comum, coisas óbvias, e contradizem categoricamente a crença em que ele tinha acreditado, e que seus amigos estão lhe empurrando goela abaixo. Vamos permanecer fiéis às nossas convicções religiosas ou ao Deus que vive acima delas? Fiel à nossa visão denominacional de Deus ou ao Deus que deu à denominação sua inspiração inicial? Seremos meros defensores da declaração teológica? Na história eclesiástica da Escócia, muitos homens foram para o martírio em vez de deixar que sua teologia fosse. Hoje, a igreja organizada está contra essas coisas.

A teologia é testada pela história e pela lógica; a religião deve ser testada pela experiência.[15]

A crença de Jó desmoronou em ruínas. "Portanto", diz ele, "deixo minha crença, mas nego que deixei Deus". Em uma disputa teológica, o teólogo é capaz de colocar seu ponto de vista no lugar de Deus. O apóstolo Paulo declara: "Mas se alguém quiser ser contencioso, nós não temos tal

---

[15] N.E.: Não foi possível descobrir a origem de tal citação.

costume..." (1 CORÍNTIOS 11:16 ARC). Apenas um homem em mil pode manter sua vida espiritual e controverter. Ele pode aumentar sua força intelectual, mas ele não aumenta sua compreensão espiritual das coisas.

O Dr. Alexander Whyte[16] colocou isso de forma melhor do que qualquer outro quando disse:

> Ó, a maldição da controvérsia! Ó, as paixões detestáveis que correções e contradições acendem a fúria no coração orgulhoso do homem! Evitai controvérsias, meus irmãos, como evitaríeis a entrada do próprio inferno. Deixai os outros com os próprios argumentos. Deixai-os falar. Deixai-os escrever. Deixai-os corrigir-vos. Deixai-os deturpar-vos. Deixai-os julgar-vos e condenar-vos. Deixai-os matar-vos. No que for possível, preferi deixar a verdade de Deus sofrer por si mesma a deixar o amor sofrer. Vós não tendes natureza divina suficiente em vós mesmos para serdes controversos. "Ele foi oprimido e humilhado, mas não abriu a boca. Como cordeiro foi levado ao matadouro e, como ovelha muda diante dos seus tosquiadores, ele não abriu a boca" (ISAÍAS 53:7). "Pois ele, quando insultado, não revida com insultos; quando maltratado, não fazia ameaças [...]. Pelas feridas dele vocês foram sarados" (1 PEDRO 2:23-24). "Cura-me", orou

---

[16] Alexander Whyte (1836–1921) foi um ministro escocês que influenciou Chambers durante o tempo em que ele estudou na Universidade de Edimburgo (1895–96).

Agostinho, repetidamente, "dessa minha luxúria de sempre me justificar".

Começamos com a noção de que Deus é um fragmento todo-poderoso de nós mesmos, mas Deus nunca pode estar do lado de qualquer indivíduo. A pergunta a se fazer é: "Estou eu do lado de Deus?". Em 2 Tessalonicenses 2, Paulo fala sobre a ignorância invencível do fanatismo e diz que, se um homem está iludido, ele é o culpado. Por outro lado, Jó diz: "Não vou dizer que minha antiga definição de Deus é verdadeira. Deus deve ser verdadeiro, mas acho que a forma como o exponho não é verdadeira". Isso colocou Jó na trilha certa para encontrar o Senhor. Estamos na trilha de Deus, ou na linha obstinada e intolerante, onde defendemos nossas declarações em vez da verdade? Nossa religião nos coloca na linha do entendimento da revelação de Deus, ou ela é apenas uma autoridade cega? É bom fazer um balanço das coisas que as inferências do bom senso e da religião não podem explicar.

A concepção da ignorância invencível (JÓ 13:1-12)

O que vocês sabem eu também sei... v.2

Esse versículo é uma descrição do fanatismo que se baseia apenas em um ponto de vista e é decididamente ignorante quanto a todo o restante. Isso é a coisa contra a qual Jó se enfurece o tempo todo — "Deus deve ser diferente do que vocês declararam por causa do que eu experimentei", e Jó está certo. É possível construir estruturas lógicas baseado em uma posição teológica e, ao mesmo tempo, provar na vida prática que tal posição está errada. Por exemplo, na linha metafísica as predestinações de Deus parecem claras, mas nossa concepção dessas predestinações pode ser perigosamente falsa quando chegamos aos fatos reais da vida.

A visão teológica deve ser constantemente examinada. Se a colocamos no lugar de Deus, tornamo-nos invencivelmente ignorantes, ou seja, não aceitaremos nenhum outro ponto de vista, e a ignorância invencível do fanatismo leva a ilusões pelas quais somente nós somos culpados. As questões fundamentais não podem ser provadas logicamente na vida prática.

Veja onde você está inclinado a ser invencivelmente ignorante, e descobrirá que seu ponto de vista faz com que você desmorone no que é mais vital. Uma concepção acatada sobre Deus fez com que muitos homens falhassem no momento crítico, isso os impediu de serem o tipo de homem que deveriam ser, e somente quando abandonam sua percepção de Deus pelo próprio Deus, eles se tornam o tipo certo de homem.

A consagração da integridade instintiva (JÓ 13:13-28)

Calai-vos perante mim, e falarei eu; e venha sobre mim o que vier. Por que razão tomaria eu a minha carne com os dentes e poria a minha vida na minha mão? Ainda que ele me mate, nele esperarei... vv.13-15 ARC

Jó sente que, apesar de tudo o que está acontecendo, a integridade de Deus permanece, e a dele também. Ele não pode explicar seus sofrimentos dizendo: "Estou sendo punido porque fiz algo errado" ou "Estou sofrendo porque precisava ser aperfeiçoado". Os amigos acusaram Jó de ser um hipócrita e inferiram que ele fosse também ateu, mas exatamente neste momento Jó dá expressão à afirmação de fé mais sublime em todo o Antigo Testamento: "Ainda que ele me mate, nele esperarei" — "Ainda que Ele, a quem vocês estão deturpando, e quem eu não posso descrever em palavras — ainda que Ele me mate, esperarei no fato de que Ele é plenamente íntegro como que Ele seja, e esperarei por Ele. Enfrentarei a integridade do meu próprio bom senso, dedicarei minha percepção instintiva da integridade de Deus e, no final, sei que ambas se mostrarão como sendo uma só".

Mantenham-se sempre fiéis aos fatos e à certeza intuitiva de que Deus deve ser justo, e não tentem justificá-lo muito rapidamente. É um truque de malabarismo tentar justificar Deus por permitir o pecado e a guerra. O pecado e a guerra são absolutamente injustificáveis, e ainda assim o instinto de todo cristão é: "Eu sei que, no final, Deus vai se justificar". Enquanto isso, só se pode justificá-lo por uma especulação de fé, que não pode ser logicamente demonstrada.

A consciência da fragilidade implícita (JÓ 14)

Quem dera me escondesses na sepultura e me ocultasses até que a tua ira passasse! Quem dera me fixasses um prazo e depois te lembrasses de mim! Quando alguém morre, será que volta a viver? Todos os dias da minha luta esperaria, até que viesse a minha mudança. vv.13-14

Jó descobriu que a base das coisas é trágica, não lógica. "Sei que sou fraco e há fatos na minha vida e na história humana que não posso explicar; mas, por causa da minha consciente fragilidade, eu sei que Deus fará com que eu passe por tudo isso e alcance o outro lado. Enquanto isso, recuso-me a aceitar uma crença que apresenta Deus, e também a mim, de forma deturpada." Chegar a isso significa que um homem está no caminho certo.

A integridade de Jó permanece, assim como sua consciente fragilidade e a sensação de que ele não é inteiramente culpado por seu pecado. Nenhum indivíduo é responsabilizado por Deus devido a herdar o pecado; Deus responsabiliza o homem por se recusar a deixar Jesus Cristo libertá-lo do pecado quando entende que é isso o que Cristo veio fazer (VEJA JOÃO 3:19).

Julgados pela teologia comum, muitas das declarações de Jó soam longe de estarem corretas, embora na realidade estejam repletas de reverência. Ele está dizendo que em qualquer declaração sobre Deus deve haver alguma indicação que justifique o Senhor permitir que os seres humanos sejam fracos — "Sua declaração sobre Deus não é apenas falsa para o homem, mas falsa e blasfema a Deus". Jó declara os fatos da experiência humana e que parece haver um fim insatisfatório para a vida — "Justo quando eu ia entender a coisa e encontrar o cumprimento de todos os meus desejos, sou interrompido". Há incontáveis homens semelhantes hoje. Justo quando a vida estava em seu auge, eles são subitamente ceifados.

Expressamos o que Jó quer dizer nos versículos 13 a 22 quando falamos assim de um homem: "Bem, ele está morto agora, e embora ele não tenha chegado ao padrão de nossa religião ortodoxa, vamos deixá-lo nas mãos do Deus misericordioso!" Isso é um subterfúgio. Jó declara os fatos e ele é enfático ao afirmar que chegará ao lugar onde verá Deus justificado no que Ele permitiu que acontecesse. Nunca tome um julgamento interrompido como final, mas atente-se à chance de obter uma nova perspectiva sobre o assunto. Jamais é suficiente tomar uma válvula de segurança mental como o fim da questão. Muitos dos problemas que surgem da integridade instintiva de um homem não foram respondidos. Nenhuma declaração teológica pode responder a eles, e temos que tomar cuidado para não aceitarmos qualquer afirmação que nossa natureza instintiva nos diga ser uma mentira. Temos nosso guia em Jesus Cristo; nunca devemos aceitar uma visão sobre Deus que contradiga o que Ele manifestou — "Eu sou o caminho, a verdade e a vida" (JOÃO 14:6). O vital é entrar na trilha de um relacionamento pessoal com Deus e, então, usar os fatos da experiência e da revelação para nos levar a uma consideração das coisas que satisfazem nossa natureza (e, até que ela esteja satisfeita, não dizer que está). "Vou me ater a isso, que Deus é o Deus de amor e justiça, e estou ansioso para o momento em que o verei claramente." Não temos o direito de dizer piedosamente: "Deixo isto com Deus". Deus nos fará discernir o que Ele está fazendo, mas isso leva tempo, visto que somos muito lentos para obedecer, e somente quando obedecemos é que temos a percepção moral e espiritual.

Capítulo 10

MUITO BARULHO POR NADA
Jó 15

Uma pílula para curar um terremoto.
G. K. CHESTERTON

Não há nada mais absurdo do que a maneira como algumas pessoas tentam acalmar a tristeza e lidar com os problemas da vida dos outros. Elifaz diz que os problemas de Jó não são o que ele pensa que são. Ele tenta desgastar a oposição de Jó dizendo um monte de nada e sendo incrivelmente enfático. Quase se pode ouvi-lo engasgar-se com a indignação: "O que você sabe, que nós não sabemos...?" (JÓ 15:9). Em seguida, segue a revelação do egocentrismo inconsciente do fanático ortodoxo, ditatorialmente afirmando o caráter de Deus (VEJA VV.14-16). Então, como um abutre teológico, ele se senta no poleiro da tradição, alisa suas penas ouriçadas e grasna suas eloquentes banalidades. Não há vestígios de fraude em Elifaz. Ele acredita vigorosamente em suas crenças, mas está longe de conhecer a Deus. Elifaz representa o tipo de absurdo que resulta de permanecer fiel à convicção em vez de aos fatos que contestam a condenação. A diferença entre um homem obstinado e um homem resoluto está aqui: um homem obstinado se recusa a usar sua inteligência quando um assunto está em disputa, enquanto um homem resoluto toma sua decisão depois de ter deliberadamente olhado para ele de todos os pontos de vista e, ao enfrentar oposição, está disposto a dar explicações sobre sua decisão.

As armas da mente oportunista (JÓ 15:1-6)

Então Elifaz, o temanita, tomou a palavra e disse:
"Será que um sábio daria respostas vazias? Será que encheria a si mesmo de vento leste? Argumentaria

com palavras que de nada servem e com razões das quais nada se aproveita?" vv.1-3

Uma mente oportunista é aquela que toma sua posição a partir de circunstâncias imediatas e nunca altera tal posição. Elifaz diz que Jó é simplesmente pretensioso. Elifaz vê em Jó o que ele mesmo é. A arma de uma mente oportunista é o sarcasmo. Há uma diferença entre sarcasmo e ironia (VEJA JÓ 12:1-3). O sarcasmo é a arma do homem fraco. A palavra literalmente significa *rasgar a carne a partir do osso*. Tanto Isaías quanto o apóstolo Paulo fazem uso livre de ironia, mas jamais usam o sarcasmo. Se um homem fraco se depara com fatos que ele não pode entender, ele invariavelmente se volta para o sarcasmo.

Elifaz se dirige a um "homem de caráter fraco", mas o tempo todo ele alega estar falando com Jó. Primeiro, ele faz uma reprimenda: "Tudo o que você diz sobre o sofrimento que está passando é muito barulho por nada". Tal discurso é característico da mente que está encurralada e não vê a saída; ela volta, portanto, para sua própria posição entrincheirada. Ninguém condena como um teólogo, nem qualquer discussão é tão amarga quanto a discussão sobre religião. Se Deus pode ser resumido em uma frase — como Elifaz e todos os homens com um credo sustentam que Ele pode ser — então há o banimento da finalidade expresso na visão: "O que eu digo é Deus". E isso é a essência natural da tirania religiosa. Até o tempo da guerra, Deus, para muitos homens, era apenas sua própria declaração teológica sobre Ele. Mas, agora, suas formas religiosas de crença foram varridas e por um tempo eles dizem: "Perdi minha fé em Deus".

O que aconteceu é que, embora eles tenham perdido a fé em sua declaração de Deus, eles estão a caminho de encontrar o próprio Deus. Jamais tenham medo se suas circunstâncias contestarem o que lhes foi ensinado a respeito de Deus, mas estejam dispostos a examinar o que vocês aprenderam e nunca considerem a concepção de um teólogo como infalível. Ela é simplesmente uma tentativa de afirmar as coisas.

O peso da maneira tradicional (JÓ 15:7-13)

> *Será que você é o primeiro homem que nasceu? Por acaso, você foi formado antes dos montes? Será que você ouviu o conselho secreto de Deus e detém toda a sabedoria? O que você sabe, que nós não sabemos? O que você entende, que nós não entendemos?* vv.7-9

Quando uma vez a marreta da tradição é trazida para conduzir, não há mais o que dizer — "Também há entre nós homens idosos e de cabelos brancos, muito mais velhos do que o seu pai" (JÓ 15:10). Elifaz diz a Jó: "Você imagina que você tem o cenário de um problema que nunca fora tratado antes?". Os fariseus adotaram esse método com Jesus. Nosso Senhor alegou que a Lei e os profetas permaneceram até Ele. "Vocês ouviram o que foi dito aos antigos [...]. Eu, porém, lhes digo..." (MATEUS 5:21-28). Os fariseus disseram: "Temos todo o peso da história atrás de nós e a história da tradição, consequentemente, a constituição de Deus está conosco e não contigo. Tu estás possuído pelo diabo e és um pecador", e eles o lançaram à morte. Essa é a tradição no seu pior estado.

O método "Elifaz" tem impedido mais almas no desenvolvimento da vida com Deus do que quase qualquer outra coisa, pois pouquíssimos homens estão dispostos a dizer: "Sim, tenho uma reformulação do problema que nunca foi tratada tradicionalmente". Tendo sido trazido à tona o peso do que era conhecido no passado, ele destrói a vida do que está acontecendo no presente. Se a maneira tradicional tem algum peso, ele deve tornar os homens atenciosos com os problemas que são recentes. O conselho de Paulo a Timóteo foi: "Ninguém o despreze por você ser jovem..." (1 TIMÓTEO 4:12); "Não tente compensar sua juventude pelo dogmatismo e conversa, mas esforce-se para andar de tal maneira que você 'seja um exemplo para os fiéis'". Nenhuma pessoa realmente sábia e tolerante precisa jamais dizer: "Lembre-se de quantos anos eu tenho".

A crença tradicional tem em si a raiz da questão, mas sua forma é muitas vezes arcaica. Começamos nossa vida religiosa acreditando em nossas crenças, aceitamos o que nos ensinam sem questionar. Então, quando nos deparamos com determinadas coisas, começamos a ser críticos e descobrimos que, por mais certas que tais crenças sejam, elas não são certas para nós visto que não as adquirimos pelo sofrimento. As experiências de Jó e seu sofrimento o fizeram reformular suas crenças. É absurdo dizer a um homem que ele deve acreditar nisso e naquilo; entretanto, ele não o consegue. A maneira tradicional fica na válvula de escape de cada novo tipo de experiência. Após a guerra, a redenção precisará ser reformulada teologicamente. A redenção deve ser vista como "porção" de Deus, não do homem. Um homem não pode redimir a si mesmo. No momento, a "redenção" não está no vocabulário do cristão comum e sincero. Quando o crente tradicional ouve os homens falarem como estão fazendo, ele pode espantar-se e esmagar a vida do que, por trás de sua expressão insuficiente, trará uma nova iluminação sobre a verdade tradicional. Se Elifaz tivesse sido sábio, ele teria visto onde Jó estava chegando: "Jó está enfrentando algo que eu não vejo. Não entendo o seu problema, mas vou tratá-lo com respeito". Em vez disso, ele disse: "De acordo com a minha crença tradicional, você é um hipócrita, Jó".

Os caminhos do método teológico (Jó 15:14-16)

Eis que Deus não confia nem nos seus santos! Nem os céus são puros aos seus olhos, quanto menos o homem, que é abominável e corrupto, que bebe a iniquidade como a água! vv.15-16

Teologia é a ciência da religião, uma tentativa intelectual de sistematizar a consciência de Deus. Se pegarmos a doutrina da Trindade (que é uma nobre tentativa da mente do homem de colocar em uma fórmula teológica a divindade como revelada na Bíblia) e dissermos: "Isso é Deus", todas as outras tentativas de uma declaração da divindade são recebidas por uma marretada com caráter definitivo. Minha teologia tomou o lugar de Deus e eu tenho que dizer: "Isso é blasfêmia". A teologia vem em segundo lugar, não em primeiro. Quando em seu lugar, ela é uma serva da religião, mas torna-se uma tirana se colocada em primeiro lugar. As grandes doutrinas da predestinação e da eleição são questões secundárias, são tentativas de definição, mas se tomarmos o partido do método teológico, condenaremos homens, que diferem de nós, sem hesitar um minuto. Existe alguma forma de crença que tenha tomado o lugar de Deus em minha vida? Nós apenas acreditamos naquilo que concebemos sobre Deus, e quando as coisas acontecem ao contrário dessa crença, negamos a experiência e permanecemos fiéis ao nosso método teológico. Jó é quem está na trilha certa.

As palavras do promotor de tragédia (JÓ 15:17-35)

*Escute o que eu vou explicar; vou contar-lhe
o que eu vi.* v.17

Elifaz esvazia todos os frascos de sua ira em Jó; pega os fatos da vida de Jó e os colore, então os declara novamente como a "um homem de caráter fraco". Ele retrata a terrível tragédia que provavelmente acontecerá com seu "homem de caráter fraco", e esclarece: "Esse homem é você..." (2 SAMUEL 12:7). Se Jó está certo, Elifaz deve estar errado; logo, ele precisa concluir que Jó é um hipócrita, o pior dos homens maus, porque aquilo que sua crença declara ser a porção de um homem mau é o que chegou a Jó. Assim se explica o discurso de Elifaz.

Como produto do ensino evangélico superficial, as pessoas são levadas a se enganar por acreditar que são o que sabem perfeitamente bem que não são, enquanto o Novo Testamento diz que, se um homem tem o Espírito Santo, isso se mostrará nos frutos: "Assim, pois, pelos seus frutos vocês os conhecerão" (MATEUS 7:20). Há inúmeros homens que percebem subitamente a superficialidade de se convencerem de que são o que não são, e anseiam pela realidade.

Para Deus, o padrão não pode ser a experiência. O padrão é o que Jesus Cristo revelou sobre Deus. Se algo que possa ser dito sobre Deus contradiz a manifestação fornecida por Jesus Cristo, temos a liberdade de dizer: "Não, não posso acreditar nisso". Foram ensinadas certas coisas sobre Deus que são consideradas diabólicas quando vistas à luz da revelação de nosso Senhor sobre o Pai. Mantenha-se firmemente fiel ao que você aprendeu, e quando tiver que adiar seu julgamento, diga que está adiado. Essa foi a atitude de Jó. "Sua crença distorce o caráter de Deus, mas sei que no final Ele provará ser tudo o que confio que Ele seja: o Deus de amor e justiça, e absolutamente honrado."

Capítulo 11

AS FRONTEIRAS DO DESESPERO
Jó 16–17

Então, como eu me canso, anseio e definho,
Em nada usufruindo daquela dor em afastar
Marés desesperadas da angústia de todo o mundo
Forçadas através dos canais de um único coração,
Direto para Tua presença lanço-me e revelo-o a ti.
Em nada envergonhado das lágrimas sobre Teus pés,
Mostro-te a ferida dorida e imploro
à Tua mão para curá-la,
Despejando sobre ti o amargo, rogando-te pelo doce.

F. W. H. MYERS

Até agora temos visto Jó como um pessimista sensato, mas agora nós o encontramos na fronteira do desespero. Um homem pode chegar ao ponto do desespero de mil e uma maneiras diferentes, mas quando ele chega lá, não há horizonte. Em todo o restante há esperança de que um amanhecer possa vir, mas no desespero não há mais esperança de algo brilhante; é a fronteira mais sem esperança que a mente humana pode entrar sem se tornar insana. Uma pessoa insana nunca se desespera, ela é imensamente melancólica ou imensamente exaltada. O desespero é a desesperança que ultrapassa a mente sã quando é conduzida ao extremo em tristeza.

A revolta contra a postura (JÓ 16:1-5)

> *Então Jó respondeu: "Tenho ouvido muitas coisas como estas. Todos vocês são consoladores que só aumentam o meu sofrimento".* vv.1-2

Jó assume ironicamente a postura que Elifaz adotou, a pose de pessoa superior. Elifaz repreendeu Jó e disse que ele sofria por ser um homem mau e hipócrita. Jó reconhece que Elifaz não tenta entender seu problema, e ele se revolta contra tal postura. É difícil fugir dela na vida religiosa, visto que é natural da arrogância inconsciente. Se você tem a noção de que seu dever é entender outras pessoas, isso o coloca imediatamente em uma plataforma superior e toda a sua atitude assume a aparência de um esnobe. Atualmente, esta é, muitas vezes, a postura da pessoa religiosa sincera. Por esta mesma razão, de todos os diferentes tipos de homens que encontramos, o pregador leva mais tempo para ser influenciado. Você pode influenciar um médico ou qualquer profissional muito mais rapidamente do que você pode influenciar um religioso profissional.

A pose religiosa é baseada não em um relacionamento pessoal com Deus, mas na adesão a uma crença. Com muita rapidez, confundimos Deus com uma crença, ou Jesus Cristo com uma forma de crença. Começamos a sustentar o que não entendemos. Quando alguém está sofrendo, a coisa que dói mais do que qualquer outra coisa é a tal postura, e é contra isso que Jó está lutando aqui. Ninguém se rebela contra algo sem uma razão para fazê-lo, não necessariamente uma razão errada, pois a revolta é de uma ordem moral. Se nos depararmos com uma falsificação, a verdade certamente será encontrada em algum lugar. Jó está contra a postura religiosa de homens que não tentam entender de onde vem a sua tristeza.

O resumo da dor (JÓ 16:6-22)

A honestidade de Jó e sua libertação da covardia surgem muito claramente. Ele não diria ser culpado de algo que ele sabia que não era. Ele diz: "Não estou sofrendo porque cometi pecado. Não sei por que estou sofrendo, mas tenho certeza de que não é esta a razão". A maioria de nós teria cedido e dito: "Ó, bem, suponho que sou pior do que eu pensava ser". O que parece ser rebelião contra Deus pode realmente não ser contra Deus, mas contra a apresentação que está sendo feita dele.

A psicologia da dor (Jó 16:6-8)

Se eu falar, a minha dor não cessa; se me calar, qual é o meu alívio? Na verdade, esgotaste as minhas forças; tu, ó Deus, destruíste toda a minha família. vv.6-7

Muitas formas de dor encontram alívio na expressão: "a roupagem de palavras expressa a coisa", mas Jó diz que ele não pode obter qualquer alívio de sua dor ao expressá-la. Nenhum de seus amigos pode aturá-lo. Eles acreditam que ele está desolado porque Deus o deixou. Cada aspecto da experiência de Jó parece psicologicamente justificar o julgamento deles sobre ele, e ainda assim Jó sabe que o que eles dizem não é a explicação.

A providência da dor (Jó 16:9-15)

Deus me entrega aos ímpios e me faz cair nas mãos dos perversos. Eu vivia em paz, porém ele me esmagou... vv.11-12

Esses versículos descrevem, em termos do Oriente Médio, a providência da dor de Jó. Tudo estava contra ele. "Parece que Deus arquitetou tudo de mal contra mim: as circunstâncias interiores e exteriores são todas iguais — Deus me cercou atrás e na frente como uma fera selvagem; tudo em meu cenário providencial e minha vida humana prova que minha dor é o resultado do meu pecado."

A emoção da dor (JÓ 16:16-22)

Ó terra, não cubra o meu sangue, e não haja lugar em que se oculte o meu clamor! [...] Os meus amigos zombam de mim, mas os meus olhos se desfazem em lágrimas diante de Deus, para que ele mantenha o direito do homem contra o próprio Deus e o do filho do homem contra o seu próximo. Porque dentro de poucos anos eu seguirei o caminho de onde não voltarei. vv.18,20-22

Esta não é a emoção de um mendigo choramingando que "reveste-se" a fim de despertar compaixão. O fato de Jó narrar novamente seu sofrimento não é expressão de emoção autoconsciente. Ele está afirmando para seu próprio bem que ele está são, que está em desespero, e, tanto quanto ele pode ver, ele está perfeitamente justificado em ser pessimista.

Há muitas coisas como essa, assim como o resultado desta guerra, e temos que ter cuidado para que não assumamos postura religiosa, ou evangélica, ou denominacional, ou qualquer postura que não seja verdadeira, quando nos deparamos com sofrimento em que não há libertação e nenhuma clareza. A única coisa a fazer é ser reverente com o que não entendemos. A base das coisas é trágica. Portanto, Deus deve encontrar a saída, ou não haverá saída. O raciocínio humano e o diagnóstico humano das coisas farão exatamente o que os amigos de Jó fizeram, ou seja: menosprezar a dor.

O reconhecimento da predestinação (JÓ 17)

Se buscamos a compreensão de uma pessoa e não a obtemos, o primeiro sentimento é o de revolta e indignação contra ela. Mas quando começamos a examinar as coisas, podemos descobrir que, afinal, ela não é culpada por sua estupidez. É esse elemento que aumenta o sofrimento de Jó, ao mesmo tempo em que o libera da condenação. No fundo, tudo em sua vida e em sua crença justificará a conclusão a que ele chegou.

Na estupidez dos homens (JÓ 17:1-4)

Fechaste o coração deles para o entendimento... v.4

Quando procuramos nossos amigos para que entendam, e descobrimos que eles não entendem, nós os acusamos de serem estúpidos. Na dor, o sofredor frequentemente declara que ninguém na Terra pode ajudá-lo. Isso às vezes é uma postura, mas Jó está vendo que a estupidez de seus amigos não está neles, mas no fato da predestinação. Há alguns tipos de sofrimento, tentação e tristeza com os quais ninguém se compadece, e por meio deles o homem chega a um modo solitário de vida. Não é o sofrimento de um homem que fez algo errado e o sabe. É um isolamento no qual ninguém consegue se solidarizar, somente Deus pode se aproximar.

O sofrimento de Jó é explicado pelo fato de que Deus e Satanás fizeram de sua vida um campo de batalha, e ele está começando a descobrir que foi Deus quem fechou a compreensão de seus amigos. Satanás declarou que Jó não amava a Deus por quem Ele é, mas apenas por causa de Suas bênçãos, e agora tudo na forma de abrigo, camaradagem e simpatia foi completamente arrancado de Jó, e ele vê que Deus deve ter permitido tudo isso. Esta é a conclusão mais profunda que Jó chegou até agora, mas ele ainda se apega a ela crendo que Deus é honrado. "Perdi minha família, minha riqueza, meus amigos, o consolo da minha crença — perdi tudo no qual um homem pode procurar conforto. Contudo, "*ainda que* ele me mate, nele esperarei" (JÓ 13:15 ARC). Este é um desespero muito intenso, juntamente com uma extraordinária confiança em Deus que, entretanto, parece um moloque[17].

No discernimento dos homens (JÓ 17:5-10)

> *Os retos ficam admirados com isto, e os inocentes se levantam contra os ímpios. [...] Mas voltem, todos vocês, e venham cá; porque não acharei nenhum sábio entre vocês.* vv.8,10

Jó está relatando o fato de que suas experiências de tristeza e dificuldade aconteceram de tal forma que o elemento sábio do discernimento nos homens deve fazê-los decretar julgamento contra ele. Tudo parece contra ele: não apenas

---

[17] N.T.: Entidade adorada pelos amonitas, povo citado no Antigo Testamento. Esse povo acreditava que vidas humanas deviam ser sacrificadas a Moloque, para apaziguá-lo.

sua crença, mas a sabedoria comum dos homens. Não há nada mais agonizante para um homem que conhece sua própria integridade do que descobrir que as melhores pessoas o deixam sozinho, não por não saberem por que ele sofre, mas porque eles têm certeza de que ele está mais errado do que admite, e a visão deles é apoiada por seu próprio discernimento e conhecimento. Como no caso da estupidez dos homens, esse discernimento não deve ser atribuído aos homens, mas na predestinação da forma como a sabedoria humana é estabelecida. A predestinação da sabedoria humana é o racionalismo. Muitas coisas acontecem que não são razoáveis, e o discernimento humano é capaz de dizer que o homem que sofre irracionalmente deve ser culpado, e quando é ressaltado que a base das coisas é sem razão, os homens dizem que é apenas uma diferença passageira.

A Bíblia revela que a base das coisas não é razoável, mas trágica. Quando um homem é levado ao fundo do poço, ele chega à tragédia, não à razão. Ele está sozinho com Deus e, se Deus não o apoiar, o desespero é a única condição para ele. Quanto mais profunda, sincera e diretamente um homem pensa, mais ele descobre que o que Salomão diz é verdade: "...quem aumenta o seu conhecimento aumenta também a sua dor" (ECLESIASTES 1:18). Não é a disposição de Jó que o leva ao ponto de vista de um pessimista, mas sua mera sanidade. Ele se recusa a dizer que seu pessimismo é um estado de espírito. Otimismo é um estado de espírito. Se Deus não apoiar Jó, Satanás ganhou sua aposta. Se Deus não intervir em algum momento, será uma esperança perdida, e Satanás terá provado que ninguém ama Deus por quem Ele é. Tudo em que um homem pode confiar desapareceu, e mesmo assim Jó não amaldiçoa a Deus. Ele admite que sua antiga crença não está certa, nem seus amigos estão certos, mas ele declara firmemente que no final Deus será justificado.

No desespero diante dos homens (JÓ 17:11-16)

Jó não pode esconder seu desespero. Para as emoções insondáveis, este versículo é inigualável em qualquer língua sob o céu:

Os meus dias passaram, e fracassaram os meus planos, os desejos do meu coração. v.11

Um certo tipo de hipocrisia religiosa faz com que os homens escondam o que sentem, mas Jó chegou ao ponto onde não pode escondê-lo — "Não posso fingir que sou consolado por Deus", diz ele. Se ao menos Jó pudesse ter assumido a postura de que tinha o consolo de Deus, seus amigos não o teriam desafiado, mas ele declara: "Eu não tenho consolo. Eu não vejo Deus, nem posso falar com Ele. Tudo o que sei é que minha crença anterior deve estar errada. Não sei o que aceitar, mas tenho certeza de que Deus provará que Ele é justo, verdadeiro e reto, e recuso-me a contar uma mentira para dar-lhe uma ajudinha".

Essa atitude de fé religiosa é primorosamente expressa pelo salmista: "Então irei ao altar de Deus, de Deus, que é a minha grande alegria…" (SALMO 43:4). Esta é a fé sublime, a fé que Jesus exigiu de João Batista: "E bem-aventurado é aquele que não achar em mim motivo de tropeço"

(MATEUS 11:6). Vou me ater a isso, sem qualquer pretensão ou absurdo, de que Deus é justo, embora tudo na minha real experiência pareça provar que Ele é cruel? A maioria de nós é hipócrita, temos medo de expor a questão como Jó o fez. Dizemos: "Deus é cruel por me permitir passar por isso, e eu me recuso a continuar acreditando nele". Jó manteve seu ponto de vista de que quando tudo fosse conhecido não seria para a desonra de Deus, mas para Sua honra.

Por causa desta guerra, muitas pessoas, em menor grau, chegaram ao lugar a que Jó chegou. As crenças delas sobre Deus se foram, e seria o auge do absurdo fingir que suas crenças anteriores sobre Deus são verdadeiras ao vê-lo agora. Não é porque alguém deixou de crer em suas crenças que, portanto, ele perdeu a fé em Deus. Muitos homens foram levados às fronteiras do desespero ao serem informados de que recaíam, enquanto o que passaram revelou que suas crenças não eram Deus. Os homens encontraram Deus ao passarem pelo inferno, e são os homens que estiveram face a face com tais coisas que podem entender pelo que Jó passou. Toda a impaciência e irritação contra a chamada "vida religiosa" é explicada na mesma linha que a revolta de Jó contra a postura religiosa — "Se eles apenas deixassem sua pose e enfrentassem os fatos como são, fossem reverentes com o que não entendem, e me ajudassem com minha fé em Deus!". Os amigos de Jó estavam no lugar certo quando se sentaram com ele perplexos por sete dias. Eles estavam muito mais perto de Deus então do que depois. Pois, assim que pegaram as clavas por Deus, assumiram uma postura religiosa, perderam o contato com a realidade da experiência real e acabaram se tornando arrogantes.

Capítulo 12

A MAIS AMARGA DOR NA VIDA
Jó 18–20

Não, mas permita-me chegar tarde,
Machucado por meus irmãos, ferido por dentro.
Inclinado com semblante triste e ardido rubor.
Amargo de cansaço e doente de pecado,
[...]
Seguro na casa escondida de Tua morada
De joelhos fracos e coração desfalecido,
Sob proteção do desprezo e abrigo da repreensão,
Dê ao mundo alegria, mas paciência aos santos.

F. W. H. MYERS

A mais amarga dor na vida é ser ferido na casa de seus amigos. Ser ferido por um inimigo já é ruim o suficiente, mas não o pega de surpresa, pois de certa forma você espera por isso. "Os meus parentes me abandonaram, e os meus conhecidos se esqueceram de mim. [...] Todos os meus amigos íntimos me detestam, e até os que eu amava se voltaram contra mim" (JÓ 19:14,19).

A remoção do clima de camaradagem (JÓ 18)

Há sempre algo intangível que constitui um amigo; não é o que ele faz, mas o que ele é. Você se sente melhor por estar na presença de algumas pessoas. Jó está sofrendo porque seus amigos se voltaram contra ele. Ele perdeu o clima de camaradagem. Ele não tem explicação para o que está passando, nenhuma possibilidade de isentar Deus disto.

A dignidade da retirada (JÓ 18:1-4)

> *Então Bildade, o suíta, tomou a palavra e disse:*
> *"Até quando você andará à caça de palavras?*
> *Considere bem, e então falaremos".* vv.1-2

Nesta retirada de camaradagem, há uma agudeza de sofrimento que é difícil de pôr em palavras. Jó está ferido, e seus amigos não só combatem sua crença, mas retiraram todo o apoio a ele. A compaixão que é reverente com o que não se consegue entender vale seu peso em ouro. Os amigos pararam de oferecer esse tipo de conforto a Jó, substituindo-o pelo dizer: "Sabemos por que você sofre". Agarrando-se à sua crença, um homem é capaz de se retirar com dignidade simplesmente por haver muita coisa que ele não vê.

Bildade tem certeza de que Jó está errado e ele está certo. O mais intrigante é que Bildade consegue provar suas declarações, enquanto Jó tem que permanecer em silêncio. Esta é uma das maiores ferroadas da vida. Quando um homem chega à realidade ele, tem que fazê-lo lá sozinho, sem camaradagem. Ele pode ter usufruído de camaradagem até certo ponto, então lhe é dito: "Agora temos que deixá-lo, você está fora dos limites". Os homens que agem assim têm a lógica ao seu lado, mas o homem que está face a face com os fatos sabe que a lógica é apenas uma tentativa de explicá-los, ela não nos fornece os fatos. O homem que não acredita que a base das coisas é trágica pode sair-se melhor na argumentação, mas o homem que leva a melhor, na verdade, é aquele que acredita em Deus (embora permaneça incapaz de se expressar).

Bildade descreve o pior homem que ele pode imaginar, e Jó diz: "Tudo isso aconteceu comigo, e você diz que, portanto, eu devo ser um homem mau; mas eu digo que não o sou. Você tem a lógica da sua crença, enquanto eu tenho a realidade da minha experiência. O Deus da sua crença é aquele que me tornaria ateu. Ainda não encontrei o Deus que explicará minha experiência, mas estou confiante de que tal Deus exista, e, enquanto isso, recuso-me a aceitar sua falsificação dele".

Há inúmeras experiências como a de Jó hoje em dia: pessoas que não são ateias, de forma alguma, estão sendo chamados de ateus. Elas estão simplesmente se rebelando contra a apresentação a respeito de Deus que lhes está sendo imposta. Se aceitar uma apresentação sobre Deus significa negar as coisas que se sabe serem reais, um homem está em situação melhor quando diz com Jó: "Não aceitarei uma explicação acerca de Deus que me faça considerar fato um não fato".

O discurso na retirada (JÓ 18:5-21)

> *Na verdade, a luz do ímpio se apagará, e a chama do seu fogo não resplandecerá. [...] Tais são, na verdade, as moradas do ímpio, e este é o paradeiro daquele que não conhece Deus.* vv.5,21

Um homem tem que encobrir sua retirada de alguma forma, e Bildade se retira em uma nuvem de retórica. Sua descrição do homem mau é uma descrição secreta de Jó em sua condição atual. Ele conta o que Jó passou e faz dela a experiência de um hipócrita talentoso — "Satisfiz minha mente porque você é um hipócrita. Você está sofrendo porque é mau". Bildade expõe seu completo conhecimento da psicologia da maldade e de como Deus deve lidar com ela, mas evidentemente com uma ignorância tão completa de Deus quanto do homem. Sua indignação com Jó é mesquinha, e quase podemos ouvi-lo bufar com aborrecimento justo. Os discursos dos amigos provam que quando a providência ou o sofrimento contradizem qualquer forma de crença, aquele que tem certa crença torna-se vingativo ao tentar justificar o que está ameaçado, e não mais discerne a verdade.

A reação da afeição da coragem (JÓ 19)

O apelo do desânimo (JÓ 19:1-5)

> *Então Jó respondeu: "Até quando vocês vão me atormentar e me esmagar com as suas palavras?".* vv.1-2

"O desânimo é egoísmo desencantado" (Mazzini)[18], ou seja, o amor-próprio é retirado do coração. Jó estava apaixonado por sua crença, mas agora sua crença se foi; ele está completamente no fim de sua sagacidade e, do meio de seu desânimo, ele apela aos homens dos quais ele tinha o direito de esperar apoio. "Vocês ficam do lado da providência de Deus", diz ele, "que, sem dúvida, parece meu inimigo". Este capítulo não é apenas uma expressão de agonia verdadeira e tristeza, mas também da integridade robusta que não se permite contar uma mentira pela honra de Deus. "Deus parece ser providencialmente meu inimigo", diz Jó, "e você diz que é porque eu sou mau. Mas eu afirmo que essa não é a razão".

O relato da desolação (JÓ 19:6-20)

> *...então saibam que Deus foi injusto comigo e me cercou com a sua rede. Eis que clamo: "Violência!", mas não sou ouvido; grito: "Socorro!", porém não há justiça.* vv.6-7

---

[18] Giuseppe Mazzini (1805–72), patriota italiano.

As declarações de Jó não são parciais. Ele simplesmente declara o que aconteceu com ele — tudo se foi e nenhuma explicação lhe foi dada. Não há lado bom para alguns problemas. Não há esperança razoável para inúmeras vidas por conta desta guerra, e é um absurdo dizer-lhes para "se animarem". A vida para eles é um inferno de escuridão no mais alto grau. Aquele que prega em tal momento é impertinente, mas aquele que diz "não sei por que você está passando por isso, é sombrio e desesperador, mas vou esperar com você", é uma bênção indescritível e sustentadora. Jó não tem ninguém para fazer isso por ele, seus amigos simplesmente aumentaram sua amargura. Eles também foram atingidos em sua crença, e eles estão indignados e falam apenas do ponto de vista religioso.

A agonia do abandono (JÓ 19:21-29)

> *Tenham pena de mim, meus amigos, tenham pena de mim, porque a mão de Deus me atingiu. [...] Porque eu sei que o meu Redentor vive e por fim se levantará sobre a terra.* vv.21,25

A questão da imortalidade não está necessariamente implícita nas palavras de Jó. Ele está afirmando que acredita que chegará um momento em que um árbitro surgirá e lhe exporá o que ele está passando — para a justificação de Deus, bem como de si mesmo. É heroísmo quase inigualável dizer, como Jó fez: "'Ainda que ele me mate' (JÓ 13:15 ARC), vou continuar crendo que Deus é o Deus de amor, justiça e verdade. Não vejo saída alguma, mas permanecerei fiel à minha crença de que quando tudo for esclarecido, Deus não será condenado". Depois de tudo, Jó se recusa a seguir o caminho mais fácil no que se refere à sua antiga crença.

A retirada da compreensão da comunhão (JÓ 20)

A retirada de seu amigo mais íntimo, estando ele convicto de que você está errado, significa a perda da atmosfera de camaradagem e de tudo o que é representado pelos relacionamentos mais próximos da comunhão.

O desdém do ofendido (JÓ 20:1-3)

> *Então Zofar, o naamatita, tomou a palavra e disse:*
> *[...] "Eu ouvi a repreensão, que me envergonha,*
> *mas o meu espírito me obriga a responder segundo o*
> *meu entendimento".* vv.1,3

Zofar fala com dignidade, mas a dignidade não é uma indicação de discernimento. Zofar ouviu as palavras de Jó, mas não o espírito delas. Ele tem vergonha da atitude que seu antigo amigo tomou. Uma retirada de camaradagem é quase sempre coberta por uma quantidade incrível de pronunciamento, seja por escrito ou discurso. Bildade se retira com descrições; Zofar faz um discurso formal sobre a razão de ele se voltar contra Jó com desdém.

O discurso do ofensivo (JÓ 20:4-29)

Será que você não sabe que desde todos os tempos, desde que o ser humano foi posto sobre a terra, o júbilo dos ímpios é breve, e a alegria dos maus é momentânea? vv.4-5

Uma questão de misericórdia é que os amigos não colocam a maldição em Jó diretamente. Amaldiçoar para nós é apenas uma linguagem profana, uma expressão e nada mais, mas para um árabe ou um hebreu, a maldição reside nas próprias palavras: se a maldição for proferida, é impossível, de acordo com a convicção deles, que ela não se concretize. Zofar está proferindo esse tipo de maldição, porém indiretamente, e isso dá às suas palavras um tremendo poder. O poder da palavra falada explica o lugar proeminente dado na Bíblia à profecia e à pregação.

As fortes declarações de Jó não são contra Deus, mas contra as afirmações de sua antiga crença. O homem que permanecer fiel ao Deus por trás da expressão de seu credo é fiel à sua crença *em Deus*, em vez de à Sua apresentação que está em disputa. Se você ouvir um homem que foi severamente atingido, ele pode dizer algo que, para você que não foi atingido, soe como blasfêmia. A alegação de Jó é que seus amigos deveriam saber que não foi a imaginação que o fez falar como falou, mas o fato de que ele tinha sido duramente atingido. A única saída para Jó não está na linha da razão, mas na linha da confiança implícita, conforme ele expressa "*Ainda que* ele me mate, nele esperarei..." (JÓ 13:15 ARC).

Capítulo 13

O CONFRONTO ORIGINAL
Jó 21–25

Se vamos entender o curso ordinário da vida humana, devemos levar em conta as suas extraordinárias experiências e tragédias. Uma razão para a futilidade do pseudoevangelismo é que consideramos o homem medíocre, o homem comum, como o mais capaz de expor a experiência cristã. O cristianismo abraça os mais fracos e frágeis, mas são os homens de experiências excepcionais, como Jó ou o apóstolo Paulo, que expõem claramente as questões de base. O "confronto original" significa que estamos no fundamento das coisas.

O sentido de percepção da perversidade (Jó 21)

*Quem é o Todo-Poderoso para que o sirvamos?
E o que ganhamos se lhe fizermos orações? [...]
Vocês dizem que Deus reserva o castigo do perverso
para os filhos dele. [...] Eis que eu conheço os
pensamentos de vocês e os planos injustos que
fazem para me prejudicar. [...] Como, então, vocês
querem me consolar com palavras vazias? Nas
respostas de vocês só há falsidade.* vv.15,19,27,34

É da certeza da alma que o mundo precisa, ainda
mais do que princípios sólidos — não habilidade
da alma, mas certeza da alma; não religião
disposta, mas certeza.

DR. FORSYTH[19]

Jó persiste em afirmar que a base das coisas não é clara ou fácil de entender. "É um absurdo dizer, como você está fazendo", diz ele, "que Deus pune o homem mau e cuida do bom. Há tanta perversidade na base das coisas que tal explicação não se aplica". Os amigos dão essa explicação porque são fiéis à crença deles, e Jó diz: "Eu tive a mesma crença que vocês até chegar a esse meu grande problema". A crença deles era baseada em princípios consistentes, mas o que é necessário é um relacionamento sólido na base de tudo. Quando as circunstâncias são subitamente alteradas

---

[19] Forsyth (1848–1921) foi pastor inglês congregacionalista e teólogo. Chambers leu muitos de seus livros e valorizou suas percepções.

pelo luto ou por alguma tensão na experiência pessoal, vemo-nos maravilhosamente à vontade com o que Jó diz. Há uma selvageria em relação às coisas, e nos revoltamos contra as pessoas que explicam tudo com base em argumentos sólidos. Eles têm tudo pronto em mãos, e podem lhe dizer exatamente onde todos erram. Mas a alegação de Jó é que, quando um homem está face a face com a realidade como ela é, as explicações prontas não se aplicam, pois as circunstâncias não são fáceis. Há certa perversidade por toda parte. Se Jó não está certo em sua alegação, então a redenção é "muito barulho por nada".

A severidade do raciocínio do farisaísmo (JÓ 22)

> *Então Elifaz, o temanita, tomou a palavra e disse: "Pode o homem ser de algum proveito para Deus? Não! O sábio só é útil a si mesmo. [...] Portanto, reconcilie-se com Deus, viva em paz com ele e assim lhe sobrevirá o bem".* vv.1-2,21

Muitos fariseus radicais são poderosos moralistas e acreditam ser sinceros. O farisaísmo mais mortal não é hipocrisia, é o farisaísmo inconsciente da irrealidade.

DR. FORSYTH

A natureza do farisaísmo é que ele deve ficar na ponta dos pés e ser superior. O homem que não quer enfrentar o fundamento das coisas torna-se tremendamente severo e interessado em princípios e em reformas morais. Um homem hiperconsciente é quase sempre aquele que fez algo irregular ou que é mórbido. Ele ou está quase à beira da loucura, ou está encobrindo algo errado com uma tremenda seriedade moral de acordo com certas linhas de reforma. Um fariseu o cala, não por gritos altos, mas pela lógica irresponsível que ele apresenta. Ele está ligado a princípios, não a um relacionamento. Há uma grande quantidade de farisaísmo exterior hoje, e é baseado em "devoção" aos princípios. A devoção a uma causa é a grande marca de nossos dias, e na religião significa ser dedicado à aplicação de princípios religiosos. Um discípulo de Jesus Cristo é dedicado a uma pessoa, não a princípios.

A experiência de Jó contradiz categoricamente a crença deste fariseu, Elifaz, em particular; então ele pisoteia Jó. Suas palavras são eloquentes, e suas acusações, fantásticas. Ele resume todos os fatos e informa Jó que ele maltratou o inocente, causou injustiça à viúva e fez o órfão passar fome.

> *Não é fato que é grande a sua maldade, e incalculável a sua iniquidade? Porque sem motivos você exigiu penhores do seu irmão e despojou das roupas os que estavam seminus. Você não deu água ao cansado e ao faminto você se recusou a dar pão.* vv.5-7

Esta é sempre a esquiva de um fariseu. Seja ele um demagogo ou um homem religioso, ele tem que criar uma questão moral em algum momento. Se ele puder despertar a paixão por um princípio negligenciado, é exatamente o que ele quer, mas não há realidade nisso. O farisaísmo nos dias de nosso Senhor foi baseado nos princípios do judaísmo, e Jesus Cristo não foi reconhecido, quando veio, pelos fariseus, mas estes afirmaram: "Você é um hipócrita, podemos prová-lo". Muitas das fases religiosas de hoje não tocam na realidade, mas apenas na insistência farisaica em uma certa forma de sã doutrina, e o homem que está lidando com os fatos reais não encontra nada além de palha. Todo denominacionalista tem certeza de que a multidão, uma vez que discorda do que "nós" chamamos de "nossos sólidos princípios", está errada. Ele nunca imagina que o homem à maneira de Jó possa estar certo com Deus. Quando Deus falou com Elifaz, como fez no final, seria a última humilhação para Elifaz descobrir que, afinal, do ponto de vista de Deus, Jó era o único entre eles que estava certo. Enquanto isso, é muito mais fácil ficar a favor das afirmações de Elifaz do que das declarações de Jó.

O fariseu é um moralista extremo (VEJA JOÃO 16:2; HEBREUS 13:13). Quando Jesus Cristo veio, Ele foi considerado intratável por todos os conjuntos de princípios religiosos, por isso Ele foi "desonrado". Sair "a ele, fora do acampamento, levando a mesma desonra que ele suportou" (HEBREUS 13:13) não significa sair da multidão mundana. Significa ser colocado fora da multidão religiosa à qual você pertence. Uma das mais pungentes partes de sofrimento para um discípulo acontece por isso. Se você permanecer fiel a Jesus Cristo, haverá momentos em que você terá que atravessar suas convicções e sair do outro lado, e a maioria de nós se acovarda em dar tal passo porque isso significa ir

O confronto original | 121

sozinho. O "acampamento" significa o contexto religioso ao qual você pertence. O grupo a que você não pertence não importa para você.

Elifaz tem certeza de que Jó é tão mau que chega a se admirar com a paciência de Deus com ele. Se Elifaz estivesse na posição de Deus, ele teria excomungado Jó imediatamente. E, mesmo assim, é Jó quem está face a face com a realidade. Hoje os homens não perguntam: "É verdade?", mas sim: "É real?". É uma questão de indiferença se algo é verdade. Muitas coisas podem ser demonstradas como verdadeiras e não importar para nós. Tenho um Deus verdadeiro, ou estou tentando produzir um manto farisaico para mim? Jó não aceitaria um manto farisaico. Ele não admitiria que estivesse errado, nem diria que a crença dos amigos estava certa. Ele estava num dilema, mas sabia que Deus era real, e, portanto, ele esperaria até que Ele se manifestasse.

A luta revolucionária na oração (JÓ 23-24)

Quem dera eu soubesse onde encontrá-lo! Então me chegaria ao seu tribunal. Exporia diante dele a minha causa, encheria a minha boca de argumentos. 23:3-4

Não há realidade sem luta. Se você não é chamado para lutar, é só porque a luta está sendo lutada por você.

DR. FORSYTH

A razão pela qual a experiência da redenção é tão fácil é porque custou muito a Deus. Se minha religião adentra facilmente à minha vida é porque alguém já pagou o preço por isso. Se, no entanto, a simples experiência for tomada como fiel para toda a vida, seremos enganados. Somente chegaremos à realidade se pegarmos a experiência daqueles que pagaram o preço por nós. São homens como Jó e o apóstolo Paulo que nos trazem à base das coisas, não o cristão comum entre nós. Pois ele não sabe mais sobre a razão de o fundamento de sua salvação ser a redenção do que o homem comum conhece sobre a base da vida humana ordinária. Devemos nos apropriar das grandes almas, homens que foram severamente atingidos e chegaram ao fundamento das coisas, e cujas experiências Deus preservou para nós, a fim de que possamos saber onde estamos.

Uma das razões para a futilidade do pseudoevangelismo é que ele baseia sua doutrina nas fracas coisas superficiais que salvou. Graças a Deus, o cristianismo salva as coisas superficiais e fracas, mas não são elas que diagnosticam o cristianismo, elas são a expressão do alcance máximo do cristianismo. Paulo disse: "...não foram chamados [...] nem muitos poderosos, nem muitos de nobre nascimento" (1 CORÍNTIOS 1:26). Ele não disse "*nenhum* poderoso, *nenhum* nobre". É o nosso próprio Senhor, além de homens como Jó no Antigo Testamento e Paulo no Novo, que nos fornece a indicação de onde devemos procurar a base de nossa fé quando ela está sendo sacudida.

O clamor de Jó — "Quem dera eu soubesse onde encontrá-lo!" (JÓ 23:3) — é o nascimento da oração evangélica com base na redenção. A "descoberta" não pode ser

O confronto original

pela razão ou por fé religiosa. A única maneira de encontrar Deus é por meio da oração. Na vida religiosa do fariseu, a oração se torna um rito, uma cerimônia. Em toda religião baseada em princípios consistentes, a oração é um exercício, uma cerimônia, não é sangue ou paixão, não é verdade para toda a humanidade. Há, em tais orações, uma dicção magnificamente bela que, para ser apreciada, exige que as pessoas estejam em um estado calmo e tranquilo de espírito. As orações mais belas são orações ritualísticas, mas estas podem se tornar meras repetições, e não reais em essência. Elas não têm nenhum aguilhão, nenhum tremendo sufoco por um homem estar face a face com os fatos. Não há nenhuma solução por meio de ritos ou crenças religiosas, mas apenas, como Jesus Cristo instrui, pela oração.

É preciso muita repetição quanto à parte de Deus antes de entendermos o que é oração. Não oramos até chegarmos ao fundo do poço. "Famintos e sedentos, desfalecia neles a alma. *Então*, na sua angústia clamaram ao SENHOR" (SALMO 107:5-6). Durante esta guerra, muitos homens oraram pela primeira vez na vida. Quando um homem no seu pior momento, não é covardia orar. É a única maneira que ele pode entrar em contato com a realidade. "Ó, se eu soubesse onde eu poderia entrar em contato com a realidade que explica as coisas!" Só há uma maneira, e essa maneira é a oração (VEJA 1 JOÃO 5:14-15).

Há, sem dúvida, questões que apresentam um quebra-cabeça, como a apresentação do fundamento da redenção. Como vou entender se a redenção cobre tudo, ou se a cobertura dela é apenas parcial? Nunca por raciocínio, apenas por oração. E, tão certo quanto Deus é Deus, você obterá a resposta e saberá com certeza. Se pegarmos a linha da disputa e da cusparada de fogo como Elifaz fez, não vamos chegar a nada. Não obtemos percepção lutando, mas indo a Deus em oração. A maioria de nós é sábia a nossos próprios olhos presunçosos, e temos noções próprias que queremos levar a cabo. Não há nada de maior valor do que ter pessoas orando por nós. Deus conecta Seu poder em resposta às orações delas.

Redenção é fácil de se experimentar porque custou tudo a Deus, e se devo ser regenerado, também vai me custar algo. Tenho que abrir mão do meu direito a mim mesmo. Tenho que deliberadamente aceitar em mim algo que lutará por tudo que vale a pena, algo que guerreará contra os desejos da carne, e que pedirá para eu me identificar com a morte de Jesus Cristo, e essas coisas produzirão uma luta em mim. A maioria de nós prefere levantar-se e cavalgar ao invés de "sair e empurrar". São apenas as pessoas que "saem e empurram" que realmente fazem as coisas acontecerem. Os homens que estão enfrentando as circunstâncias agora e que estão determinados a chegar à realidade a todo custo, não aceitarão nada na linha religiosa, a menos que essa linha revele a realidade — estes são os homens que estão pagando o preço pela próxima geração. A razão pela qual estamos aqui no mundo natural é porque nossas mães lutaram por nossa existência, e quanto mais desimpedidas as dores de parto, mais forte e saudável é a criança. Uma coisa vale o que custa.

O barulho redundante da posição (JÓ 25)

*Então Bildade, o suíta, tomou a palavra e disse:
"A Deus pertence o domínio e o poder; ele faz
reinar a paz nas alturas celestes. Será que é possível
contar os seus exércitos? E sobre quem se levanta a
sua luz?* vv.1-3

Temos o tipo moderno e insidioso de farisaísmo,
o hipócrita inconsciente; o homem ou a mulher
não de fraude, mas de artificialidade, não de
posição profunda e sombria, mas de egoísmo
sutil, segurança rápida e religiosidade fácil.

DR. FORSYTH

As declarações de Bildade aqui são inadvertidas e descontroladamente distantes do tema. O fariseu moderno do tipo "Bildade" é o homem que tem uma postura a ser mantida. Ele mesmo não é tocado por nenhum problema e, quando algo ruim acontece, sai com tais frases redundantes. Jó não se irrita com Bildade, mas tem muita pena dele. Elifaz atormenta Jó porque assume uma posição superior. Ele sabe por que Jó sofre. Elifaz se mantém forte com o seu conjunto de princípios, mas ele não está em contato com a realidade. Bildade não está em contato com nada, ele é corajosamente sem coração. Ele nunca pensa quando fala, simplesmente despeja palavras. O tipo "Bildade" é frequentemente encontrado no púlpito. Homens que proferem frases e falam as coisas mais reflexivas e vazias. É como um trovão sobre sua cabeça quando o que você quer é alimento de verdade. Esses homens continuamente trouxeram as coisas à tona e disseram a Jó: "É isto que você quer".

O que um homem deseja é um lugar para descansar sua mente e coração; o único lugar para descansar é em Deus; a única maneira de chegar a Deus é pela oração. Muito de nossa oração é vazio. Não é a conversa de um filho com seu Pai quando ele se depara com as coisas ou está ferido. "Peçam e lhes será dado…" (LUCAS 11:9), diz Jesus. Não pedimos, nós nos preocupamos, enquanto um minuto em oração colocaria o decreto de Deus em prática, ou seja, Ele responderia à oração com base na redenção. Jesus Cristo não disse: "Peçam o que vocês gostam, e isso será feito a vocês", mas "peçam o que quiserem, peçam quando sua vontade estiver naquilo que for um problema de verdade para vocês", e Deus empenhou Sua honra para que vocês tenham a resposta todas as vezes.

Capítulo 14

PARÁBOLAS
Jó 26–31

Esteja perto de mim quando minha luz estiver fraca,
Quando o sangue se arrastar, e os nervos ferroarem
E formigarem; e o coração adoecer,
E todos os movimentos do Ser estiverem lentos.
Esteja perto de mim quando a estrutura sensível
For torturada com dores que conquistam confiança;
E o Tempo, um maníaco espalhando pó,
E a vida, uma Fúria flamejante.
Esteja perto de mim quando minha fé secar,
E os homens, moscas da última primavera,
Que colocam seus ovos, e picam e zumbem
Tecem suas pequenas células e morrem.
Esteja perto de mim quando eu desaparecer
Para apontar o termo do conflito humano,
E, à beira escura da vida,
O crepúsculo do dia eterno.

TENNYSON

Uma parábola é uma história terrena que não se explica por si mesma. Todos nós temos uma história terrena e a explicação dela não deve ser encontrada em sua própria expressão, mas apenas no domínio do Criador da vida. Jó diz que a explicação que seus amigos dão para sua história terrena é inútil e longe de ser entendida. Somente Deus é a fonte de onde virá a explicação para tudo o que ele está passando.

Deus e as sublimidades (JÓ 26)

> *Eis que isto são apenas as bordas dos seus caminhos! Dele temos ouvido apenas um leve sussurro! Mas o trovão do seu poder, quem o entenderá?* v.14

As coisas sublimes na natureza inundam nosso entendimento inteligente sobre elas. Cenários montanhosos acidentados, por exemplo, despertarão uma sensação do sublime. O homem em quem o sentido do sublime não se despertou é pouco mais que um recém-nascido. A história da própria Terra é tão cheia de grandezas que requer que Deus, não o homem, a exponha. Se um homem não pode expor as sublimidades da natureza, ele não deveria esperar ser capaz de expor a sublimidade da alma humana. O que há de sublime na natureza não pode ser explicado pela razão, mas apenas por aquilo que excede a lógica, o que vai acima e além da lógica. Jó reconhece isso, e sugere: "Se você imagina que pode explicar as sublimidades mais profundas da alma de um homem, você não refletiu o suficiente sobre a vida humana".

O salmista, por assim dizer, coloca isso desta forma: "Meu Deus, Tu és o Deus das montanhas e das profundezas insondáveis, o Deus do início das manhãs e do fim da noite. Mas há profundezas mais profundas do que estas em mim, meu Deus. Coisas mais misteriosas em minha alma, e eu não posso entender meu próprio caminho; portanto, sonda-me, ó Deus" (VEJA SALMO 139). Jó está na mesma via.

"Eis que isto são apenas as bordas dos seus caminhos! Dele temos ouvido apenas um leve sussurro!..." (JÓ 26:14). No livro de Jó a natureza é sempre referida como sendo selvagem. Este é um ponto de vista que esquecemos hoje em dia. Falamos sobre leis e descobertas, damos explicações científicas sobre trovões e sobre um pôr do sol, e chegamos à conclusão de que não há sublimidade inexplicável na natureza. A impetuosidade da natureza tem que ser reconhecida, há forças na terra, no ar e no mar que confundem tentativas de explicação ou de controle. Tudo o que podemos fazer é dar uma direção para o pensamento, a partir de alguns conceitos.

Nem a lógica nem a ciência podem explicar as sublimidades da natureza. Supondo que um cientista com um nervo olfativo debilitado diga que não há perfume em uma rosa, e para provar sua declaração ele disseca a rosa e tabula cada parte, e então diz: "Onde está o perfume? É uma ficção. Eu demonstrei que não há nenhum". Há sempre um fato a mais que a ciência não pode explicar, e a melhor coisa a fazer é não o negar (a fim de preservar sua sanidade), e sim dizer, como Jó disse: "Não, o único fato que você não pode explicar significa que Deus deve intervir, ou não há explicação a ser dada".

Deus e as sutilezas (JÓ 27)

Jó continuou em sua fala, dizendo: [...] "Longe de mim que eu dê razão a vocês! Até morrer, nunca abrirei mão da minha integridade. À minha justiça me apegarei e não a largarei; a minha consciência não me acusará em toda a minha vida". vv.1,5-6

Deus nunca é sutil em Suas revelações, mas sempre elementar e simples. O "evangelho simples" não significa simples de entender, mas simples na forma como o próprio Deus é simples. Jó diz: "Não tenho nenhuma explicação ainda do que estou passando. Sua explicação baseada em sua crença é um absurdo irritante, porque faz você deixar de fora os fatos que conheço, enquanto você tenta explicar Aquele que nenhum de nós pode explicar, ou seja, Deus". Jó não está falando com rancor, mas com honestidade: "Se eu fosse justificá-lo em sua explicação, eu deveria pecar contra minha consciência e dizer que você disse a verdade, sendo que, na realidade, você disse uma mentira".

Há uma diferença entre a sutileza de Elifaz e a sutileza de Jó. Elifaz resume a história do homem mau e diz que Deus faz todas essas coisas para puni-lo, enquanto Jó reconhece que a história de qualquer homem não pode ser avaliada superficialmente e que só Deus pode explicar Seus próprios atos. A descrição que Elifaz fornece do homem mau é uma condenação secreta voltada a Jó. Ele pega os fatos da condição atual de Jó e os coloca como o retrato de um homem mau, enquanto o tempo todo ele sugere: "Esse homem é você" (2 SAMUEL 12:7). "Essa não é a maneira de me confortar, ou me trazer qualquer ajuda", diz Jó. Ele não se gaba e diz que é um bom homem, mas ele afirma que a razão pela qual ele sofre não é porque ele é mau. "Você finge conhecer a atitude de Deus em relação às coisas, mas tudo o que você descreve como a experiência de um homem mau posso dispor como minha experiência de ser um bom homem."

A explicação do sofrimento de Jó é o fato de que Deus e Satanás tornaram sua alma um campo de batalha. Não foi para o castigo ou para o aperfeiçoamento de Jó, mas por um propósito oculto que ele não conhecia. Contudo, a intuição de Jó o fez se ater ao fato de que o Único que podia explicar as sublimidades da natureza era Aquele que podia explicar o que ele estava vivenciando. *"Ainda que* ele me mate..." (JÓ 13:15 ARC), embora minha crença se vá e tudo seja destruído, "nele esperarei" — não confio nele para me livrar, mas confio nele porque Ele é honrado, justo e verdadeiro, e ainda serei justificado por manter minha fé em Sua honra, embora pareça que Ele está deliberadamente me destruindo.

Há muita conversa fiada agora sobre o Império Britânico e como Deus está nos punindo por nossos pecados: uma deturpação sem esperança. A cruz do Calvário e a redenção têm a ver com os pecados do mundo. Se Deus começasse a punir as nações por seus pecados, não restaria sequer uma sobre a face da Terra. Jó adota a postura certa, que as dificuldades são produzidas por um conflito de vontades.

Cuidado com as sutilezas que distorcem os fatos. É possível torturar um homem que possui um tipo delicado de mente, como no caso de Ugo Bassi[20], sem atormentá-lo

---

[20] Ugo Bassi foi uma figura importante no épico de H. E. Hamilton, *The Disciples* (Os discípulos), publicado em 1907.

fisicamente, mas sugerindo que ele foi culpado de motivos e atos desprezíveis. A sensibilidade da mente de Ugo Bassi era tal que depois de um tempo ele começou a acreditar que era culpado inconscientemente das coisas das quais foi acusado. Os amigos de Jó lhe disseram: "Temos todos esses fatos sobre você, e eles só são explicáveis pressupondo que você é um homem mau. Você pode não estar consciente de sua maldade, no entanto você é um hipócrita, pois nossa crença diz que se um homem confia em Deus, Deus o abençoará. E, em vez de ser abençoado, você foi amaldiçoado em todos os sentidos e perdeu tudo. Portanto, você deve ser um homem mau". Se Jó fosse do mesmo tipo de Ugo Bassi, tendo uma mente hipersensível e não o espírito robusto que ele era, Jó teria dito: "Ó, bem, eu devo ser muito pior do que eu imaginava. E eu devo ser culpado". Mas ele se apegou a isto: "Não, não tenho sido desonroso e mau. Vocês podem dizer de mim o que quiserem, mas essa não é a razão pela qual eu sofro".

Deus e o mundo terreno (JÓ 28)

Na verdade, a prata tem as suas minas, e o ouro, que se refina, tem o seu lugar. O ferro é tirado da terra, e da pedra se funde o cobre. vv.1-2

O exame cuidadoso de cada referência que Jó faz à geologia ou à meteorologia revela que não há imprecisão alguma, relevante ou irrelevante, no que ele diz. Cada referência é uma peça de precisão consumada. Isso é passageiro.

Todo fato de bom senso requer algo para sua explicação que o bom senso não pode dar. Os fatos cotidianos revelam coisas que nossas próprias mentes não podem explicar. Quando um homem da ciência se depara com uma lacuna em suas explicações, em vez de dizer: "Não há lacuna aqui", que ele reconheça que há uma lacuna que ele não consegue preencher, e que ele deve ser reverente com o que não pode entender. A tendência é negar que um fato exista por ele ainda não poder ser encaixado em qualquer explicação. Não é verdadeiro dizer que "a exceção prova a regra": a exceção prova que a regra não serve. A regra só é útil para a maioria dos casos.

Quando os cientistas tratam uma tese como um fato, eles querem dizer que ela é baseada no mais alto grau de probabilidade. Não há descobertas "infalíveis", e o homem que se curva a descobertas científicas pode ser tão tolo quanto o homem que se recusa a fazê-lo. O homem que ora deixa de ser um tolo, enquanto o homem que se recusa a orar alimenta uma vida cega dentro de seu próprio cérebro, e ele não encontrará saída dessa estrada. Jó anuncia que a oração é a única saída em todos esses assuntos.

Mas de onde vem a sabedoria? E em que lugar estará o entendimento? [...] Eis que o temor do Senhor é a sabedoria, e afastar-se do mal é o entendimento. vv.20,28

Deus e as sombras (JÓ 29)

Ah! Quem me dera ser como fui nos meses passados, como nos dias em que Deus cuidava de mim! Quando Deus fazia resplandecer a sua lâmpada sobre a minha cabeça, quando eu, guiado por sua luz, caminhava na escuridão. vv.2-3

A Verdade para sempre no cadafalso,
O Erro para sempre no trono.
Esse cadafalso, no entanto, balança o futuro
Por trás do escuro desconhecido.
E Deus permanece dentro da sombra,
vigiando os Seus.

JAMES RUSSELL HOWELL

As "sombras" retratam o que Jó está descrevendo, ou seja, as coisas na história humana e na experiência pessoal que são obscurecidas por mistério e não podem ser explicadas pela razão ou crenças religiosas; apenas o crer em Deus deixará tudo claro à maneira dele. Jó está dizendo que não há nada na vida com que você possa contar com algum grau de certeza. Pode-se dizer que, se um homem foi bem-criado, desenvolveu sua própria integridade e viveu corretamente, o sucesso será certamente uma consequência, mas você não pode se fiar nisso.

Jamais ignore as coisas que não podem ser explicadas; coloque-as de um lado, mas lembre-se de que elas estão lá e precisam ser consideradas. Há uma lacuna e uma impetuosidade nas coisas e, se Deus não intervier e as ajustar, não há esperança. Mas Deus interveio por meio da redenção, e nossa parte é confiar nele com convicção. Ou o pessimista está certo quando diz que somos folhas de outono impulsionadas pela explosão de algum poder supremo inconsciente, ou então a saída é por meio da redenção em Jesus Cristo.

Deus e o imoral (JÓ 30)

> *Mas agora sou a canção de deboche dessa gente [...], fogem para longe de mim e não têm receio de me cuspir no rosto.* vv.9-10

Jesus Cristo se encaixava nesta descrição de Jó, pois o Senhor foi colocado ao lado da imoralidade mais torpe de Sua época: "Eis aí um glutão e bebedor de vinho, amigo de publicanos e pecadores!" (LUCAS 7:34). E Ele foi morto entre dois malfeitores. É impossível pensar na linha de que a virtude levará um homem à honra, e que a retidão escapará da punição que recai sobre os homens que não são retos. Qualquer explicação deixa uma lacuna que ainda não pode ser preenchida.

Deus e os escrupulosos (JÓ 31)

> *Se andei com falsidade ou se o meu pé se apressou para o engano — que Deus me pese numa balança justa e conhecerá a minha integridade!* vv.5-6

Jó examina as declarações da crença e suas descobertas morais, e depois contesta-a a partir de sua própria experiência: "Vocês acham que estou tentando fingir ser diante de Deus o que nunca fui? Eu falaria com Deus com insolência descarada se eu não tivesse os fatos para me apoiar? A inferência dos fatos da minha vida é que tenho sido irrepreensível, e ao me dirigir a Deus não direi que sou culpado do que sei que não sou. Mantenho-me firme diante de Deus e, embora eu não o veja ou o conheça, manterei a convicção de que Ele é diferente do que vocês dizem e que quando puder vê-lo, Ele não vai dizer que eu me enganei quando falei a verdade".

É tolice dizer que este capítulo se refere a uma dispensação passada e que estamos avançados. Estamos em outra dispensação, mas não necessariamente em uma melhor. Que homem entre nós pode chegar perto do padrão de integridade de Jó? Esse tipo de afirmação vem de aceitar princípios orientadores em vez de um relacionamento pessoal com Deus. Se adoro a Deus por medo ou superstição, então estou errado, "o meu coração se deixou seduzir" (JÓ 31:27). O ponto de vista de Jó é que se eu fizer alguma coisa para apaziguar a Deus, estou cometendo iniquidade. A única razão para a minha aproximação de Deus deve ser que Ele é o que acredito que Ele seja: o Deus de honra e justiça, não um Deus de magia manipuladora que exige que façamos coisas sem qualquer racionalidade. Lidamos hoje com a mesma questão pela qual os amigos de Jó o arrasaram. Existem pessoas que dizem: "Eu não ousarei aceitar o Deus que você está apresentando, porque Ele não é um Deus moral. Há algo de errado em tal apresentação, todo o meu ser clama contra ela, e não posso ir a este Deus como libertador".

Nestes capítulos, Jó insiste que Deus deve ser diferente do que sua antiga crença dizia que Deus era, e que deve ser reconhecido que há fatos que a crença não tinha levado em conta. Graças a Deus pela teologia, mas a teologia está em segundo lugar, não em primeiro. Se a colocarmos em primeiro lugar, faremos o que os amigos de Jó fizeram, recusaram-se a olhar para os fatos e permaneceram consistentes com certas noções que pervertem o caráter de Deus. No final, Deus não nos fará dizer uma coisa falsa pelo bem de Sua Honra.

Capítulo 15

A PAIXÃO PELA AUTORIDADE
Jó 32–37

A paixão pela autoridade está representada em Eliú. Um homem comum, na situação de Jó, é capaz de romper com toda a autoridade. Um homem inferior a Jó teria se tornado um filósofo e dito que cada homem é uma lei para si mesmo, ou seja, sua própria consciência interior é lei suficiente. Jó não era desse tipo, nem Eliú. A paixão pela autoridade é nobre; Eliú, porém, falhou em entender o fato de que, para a autoridade ser digna, ela deve surgir da natureza de uma integridade moral superior, e não simplesmente de alguém que, por acaso, encontra-se em posição mais elevada do que nós.

Eliú vem com a ideia de que, porque Deus disse algo, portanto isso é impositivo. Jó quer saber que tipo de Deus é esse que fala; Ele é um ser cujo caráter não contradiz a base moral da vida? A autoridade deve ser de caráter moral, não supersticioso. A alegação de Eliú é: "Porque Deus disse", isso é suficiente. Ou "Porque a crença diz assim", portanto, deve ser aceito cegamente. Estar sem qualquer autoridade é ser contraventor, mas ter apenas uma autoridade interior é tão ruim quanto ter uma autoridade exterior cega. As duas devem se encontrar de alguma forma.

A inspiração da autoridade autocrática (JÓ 32)

Autoridade autocrática significa governar por direito de insistência, não necessariamente por direito de integridade pessoal. Napoleão disse que Jesus Cristo tinha conseguido fazer de cada alma humana um apêndice da Sua própria porque Ele tinha a genialidade da santidade. Outros homens exerceram autoridade por meios coercitivos, mas Jesus Cristo jamais fez isso, Sua autoridade era *digna*. Provou-se digno não só no reino de Deus, que não conhecemos, mas no reino do homem, que conhecemos. Sendo, assim, digno, Ele é merecedor de abrir o livro (VEJA APOCALIPSE 5). A autoridade, para ser duradoura, deve ser da mesma ordem que a de Jesus Cristo: não a autoridade da autocracia ou coerção, mas a autoridade de valor, à qual se prostra tudo o que é digno em um homem. Apenas o que há de indigno em alguém é o que não se prostra à autoridade digna.

A presunção superior da timidez (JÓ 32:1-22)

> *Então Eliú, filho de Baraquel, o buzita, tomou a palavra e disse: "Eu sou de menos idade, e vocês são idosos. Por isso, tive receio e fiquei com medo de dar a minha opinião. [...] Eis que esperei que vocês falassem e dei ouvidos às suas considerações, enquanto, quem sabe, buscavam o que dizer. Dei atenção ao que diziam, mas nenhum de vocês conseguiu refutar Jó, nem responder aos seus argumentos.* vv.6,11-12

Há uma bela modéstia aparente em Eliú. Ele diz: "Esperei que vocês falassem, mas tudo o que ouvi me deixou com raiva, porque Jó se justificou às custas de Deus, e vocês pararam sem desafiá-lo da maneira certa, e agora eu falarei".

> *Então se acendeu a ira de Eliú [...]. Ele ficou indignado contra Jó, porque este pretendia ser mais justo do que Deus.* v.2

Eliú exibe a presunção superior da timidez. Há possivelmente uma presunção de superioridade em um homem tímido ou quieto. Um homem pode ficar em silêncio não por ser realmente modesto, mas porque ele não pretende falar até que tenha um público apropriado: "Não pretendo trazer à tona minha noção das coisas até que as pessoas estejam preparadas para ouvir. Não desejo que o que eu digo caia na simples correria da conversa comum. Por isso esperarei por uma oportunidade adequada". Isso não diagnostica totalmente Eliú, mas ele certamente exibe tal característica.

Eliú diz que a inspiração da autoridade vem de Deus simplesmente porque Ele é Deus, e não de qualquer justiça percebida nele. Jó se levanta contra isso. Ele diz, na verdade: "Não aceitarei qualquer autoridade no terreno da superstição. Devo saber o ingrediente moral na autoridade". Este é o elemento que Eliú perde completamente de vista.

A insistência da autoridade autocrática (JÓ 33)

A consciência espiritual quanto a submissão (JÓ 33:1-22)

Devo lhe dizer que nisto você não tem razão; porque Deus é maior do que o homem. Por que você discute com ele, afirmando que ele não presta contas de nenhum dos seus atos? vv.12-13

O antagonismo dos amigos na luta pela crença deles era uma indicação de que eles estavam ficando instáveis em relação a ela. Mas Eliú não está instável. Sem aceitar a crença dos outros três, ele tem uma noção própria baseada na concepção de autoridade autocrática, ou seja, que nenhum homem tem o direito de indagar se Deus é bom. É uma questão de Sua autoridade suprema, e a submissão é o único caminho a trilhar. É perigoso estar consciente da submissão a um poder espiritual. Aqui está a diferença entre fatalismo e fé. Fatalismo significa: "Vou morrer. Tenho que me curvar a esta autoridade, quer eu goste ou não. Não conheço o caráter deste poder, mas é maior do que eu sou, e eu devo me submeter". Mas é em submissão à fé que se conhece o caráter do poder, e este foi o caminho que Jó tomou — "'*Ainda que* ele me mate' (JÓ 13:15 ARC), confiarei no fato de que Seu caráter é digno". Esta é a atitude de fé em todo tempo: "Eu me submeto Àquele cujo caráter eu conheço, mas cujos caminhos estão obscurecidos em mistério neste momento".

Se somos cristãos, conhecemos o caráter de Deus, porque Jesus Cristo o revelou a nós — "Quem vê a mim vê o Pai..." (JOÃO 14:9). Qualquer coisa que contradiga a manifestação concedida em e por meio do Senhor Jesus Cristo não pode ser verdadeira sobre Deus. Portanto, sabemos que o caráter de Deus é nobre, verdadeiro e correto, e qualquer autoridade de Deus não é baseada na autocracia ou no mero poder cego, mas no valor daquilo que todo o meu ser reconhece como digno; dessa forma, eu me submeto. Eliú ficou indignado porque Jó disse: "Não posso me submeter ao fato de que Deus decretou coisas como você diz. Você deve me dar oportunidade para dizer que sua exposição sobre Deus está errada. Por meio de sua crença, você quer provar que estou errado no que eu sei que eu estou certo. Portanto, se os fatos que conheço são invalidados por você, como posso aceitar sua explicação dos fatos que eu não conheço?". Eliú diz que Deus não explica a si mesmo, que ninguém tem o direito de tentar decifrá-lo, devendo apenas saber que a autoridade autocrática do Onipotente falou e, portanto, todos deveriam se submeter. Os sofrimentos de Jó produziram nele a seguinte atitude: "Quero saber onde o que você chama de 'autoridade suprema do Todo-Poderoso' se apodera da linha moral das coisas; onde concorda, pelo menos em parte, com o que eu entendo como digno".

A mesma coisa ocorre em questões de controvérsia religiosa. Vou me submeter à autoridade de uma igreja, de um livro ou à autoridade de uma pessoa? Se eu me submeter à autoridade de uma pessoa, deve ser demonstrado que essa pessoa é maior do que eu na questão da dignidade, um ponto reconhecido como válido pela maioria das pessoas sãs. Se Deus é maior, então eu me curvarei à Sua autoridade imediatamente.

A acusação do antagonismo autobiográfico (JÓ 34-35)

O castigo sofredor devido a pecaminosidade (JÓ 34:35-37)

> *Jó falou sem conhecimento, e nas palavras dele não há sabedoria. Quem dera Jó fosse provado até o fim, porque ele respondeu como homem iníquo. Pois ao seu pecado acrescenta rebelião; entre nós, em tom de zombaria, bate palmas e multiplica as suas palavras contra Deus.* vv.35-37

Eliú resume o lado autobiográfico, o lado subjetivo. A grande sensação do momento em que vivemos é a concepção sofisticada de que cada pessoa é uma lei para si mesma. Eliú está à frente disso: ele diz que há uma autoridade diferente de mim mesmo. Jó está procurando por uma autoridade, e ele oferece suas próprias experiências subjetivas como a razão para desacreditar da apresentação feita sobre Deus — com a qual Jó ficara indignado, baseado no que estava passando. Eliú diz: "Suas experiências são explicadas com base no fato de que você é um pecador (não um hipócrita, como os outros disseram, mas pecador), e Deus o está castigando. Você falou precipitada e descontroladamente, e é assim que Deus está respondendo". Esse tipo de visão apresenta uma concepção não fundamentada em fatos, por isso facilmente destrói qualquer oposição a sua apresentação sentimental.

A concepção sentimental do Supremo (JÓ 35:10-11)

> *Mas ninguém diz: "Onde está Deus, que me fez, que inspira canções de louvor durante a noite, que nos ensina mais do que aos animais da terra e nos faz mais sábios do que as aves dos céus?".* vv.10-11

Não há falsidade em Eliú. Ele diz algumas coisas sublimes, mas em seu discurso contra a experiência, ele introduz uma linha de pensamento que desperta simpatias humanas sem basear-se na realidade. A argumentação sentimental desperta uma concepção das coisas que ignora tanto os fatos vigentes quanto os verdadeiros e causa boa impressão. É muito bom ter experiências, mas deve haver um padrão para medi-las, e este padrão mais digno do que o da própria pessoa, sob o qual sabe-se que ela é digna. O padrão para a experiência cristã não é a experiência de outro cristão, mas do próprio Deus. "Portanto, sejam perfeitos como é perfeito o Pai de vocês, que está no céu" (MATEUS 5:48). "Se vocês são meus discípulos", diz Jesus, "o padrão pelo qual vocês devem medir suas experiências como santos regenerados é o caráter de Deus". Os apóstolos tinham uma forte semelhança familiar com Jesus Cristo, a experiência e o caráter deles estavam sendo desenvolvidos conforme o padrão de Deus. As pessoas reconheciam "...que eles haviam estado com Jesus" (ATOS 4:13).

Deve haver uma autoridade interior, bem como uma exterior. A tendência hoje em dia é não ter autoridade alguma. Um homem diz: "Não terei igreja, Bíblia, Deus. Nada além da minha própria realização pessoal". Essa é a fase moderna da religião sofisticada. Cada parte de moralidade que um homem tem exige que haja não uma autoridade coercitiva ou autocrática, mas uma autoridade digna. Eliú está falando com Jó de forma subjetiva como se este estivesse dizendo que não havia autoridade qualquer sobre ele. Jó, porém, está chegando ao relacionamento correto com o padrão verdadeiro, pois seu protesto é contra uma apresentação de um padrão que não é digno.

A interpretação da autoridade absoluta (JÓ 36-37)

> *Eliú seguiu falando e disse: "Mais um pouco de paciência, e eu lhe mostrarei que tenho mais argumentos a favor de Deus".* 36:1-2

Se é possível dizer isso com reverência, o Deus Todo-poderoso não passa de uma abstração mental a menos que Ele se torne concreto e real, pois um ideal não tem poder a menos que possa ser compreendido. A doutrina da encarnação é que Deus se tornou visível, Ele se manifestou no plano da humanidade, e "Jesus Cristo" é o nome não apenas para Deus e o homem unidos em numa pessoa, mas o nome do Salvador individual que abre o caminho da reconciliação para que cada homem entre em um relacionamento pessoal com Deus. Jesus Cristo declara que Ele é o caminho exclusivo ao Pai: "ninguém conhece o Pai, a não ser o Filho e aquele a quem o Filho o quiser revelar" (MATEUS 11:27). Qualquer teologia que ignore Jesus Cristo como a autoridade suprema deixa de ser teologia cristã. Jesus disse: "Eu sou o caminho..." — não a estrada que deixamos para trás, mas aquela na qual seguimos — "...ninguém vem ao Pai senão por mim" (JOÃO 14:6). No terreno de Sua autoridade absoluta, não coercitiva, todo homem reconhece, cedo ou tarde, que Jesus Cristo está, sem dúvida, em primeiro lugar.

O caráter supremo do sublime (JÓ 36:22-26)

Eis que Deus se mostra grande em seu poder!
Quem é mestre como ele? v.22

A alegação de Jó é que ele provou por experiência que o que lhe foi dito sobre Deus não podia ser verdade; "porque", diz ele, "quando você tenta explicar os fatos que eu conheço à luz daquele a quem você chama de Deus, você tem que negá-los. Portanto, devo concluir que sua exposição sobre Deus está errada". Eliú volta à posição de que não adianta tentar descobrir se Deus é digno. Basta saber que Ele é supremo, um ser que emite Suas ordens sem a mais remota consideração ao direito moral, e o homem que ousar tentar descobrir se a autoridade de Deus é moralmente certa é um homem blasfemo e perigoso. A opinião de Voltaire sobre Deus foi, principalmente, uma tremenda indignação com a apresentação então predominante sobre Deus.

Há sempre uma tendência de produzir uma autoridade absoluta. Aceitamos a autoridade da igreja, da Bíblia ou de um credo e, frequentemente, nos recusamos a pensar mais sobre o assunto. Ao proceder dessa forma, ignoramos a natureza essencial do cristianismo, que se fundamenta em um relacionamento pessoal com Jesus Cristo e age com base em nossa responsabilidade. A partir da redenção, estou salvo e Deus derrama seu Espírito Santo em mim; então Ele espera que eu reaja alicerçado nesse relacionamento. Eu posso evitá-lo depositando minha responsabilidade em uma igreja, em um livro ou em um credo, esquecendo o que Jesus disse: "Vocês examinam as Escrituras, porque julgam ter nelas a vida eterna, e são elas mesmas que testificam de mim. Contudo, vocês não querem vir a mim para ter vida" (JOÃO 5:39-40). A única maneira de entender as Escrituras é não as aceitar cegamente, mas lê-las à luz do relacionamento pessoal com Jesus Cristo.

Se insistirmos que um homem deve crer na doutrina da Trindade e na inspiração das Escrituras antes que ele seja salvo, estamos colocando o carro na frente dos bois. Tudo isso é o efeito de ser cristão, não a causa disso. Se colocarmos o efeito em primeiro lugar, produzimos dificuldades porque estamos colocando o pensamento antes da vida. Jesus diz: "'Venham a mim...' (MATEUS 11:28), e se você quiser saber se Meu ensinamento é de Deus, façam a Sua vontade".

Um cientista pode explicar o universo em que os homens de bom senso vivem, mas a explicação científica não vem primeiro. A vida vem primeiro. O mesmo acontece com a teologia. A teologia é a sistematização da expressão intelectual da existência de Deus. É algo poderoso, mas vem depois, não em primeiro lugar.

A triste condenação da sanidade (JÓ 37:23-24)

> *Quanto ao Todo-Poderoso, não o podemos compreender. Ele é grande em poder, porém não perverte o juízo e a plenitude da justiça. Por isso, as pessoas o temem; ele não olha para os que se julgam sábios.* vv.23-24

Eliú condena Jó com pesar, mas absolutamente. Ele declara que não só Jó naufragou em sua fé, mas tornou-se provocador ao silenciar os amigos.

Jó, que não aceitará nada cegamente, diz: "Preciso me certificar que isso não contradiz o que eu sei". O apóstolo Paulo fala sobre a "loucura de Deus" (1 CORÍNTIOS 1:25) como contrária a sabedoria dos homens, sabedoria esta que, quando viu Jesus Cristo, afirmou: "Este não pode ser Deus". Quando os ritualistas judeus viram Jesus Cristo, eles disseram: "Você é um blasfemo. Você não expressa Deus de jeito algum". Ana e Simeão foram os únicos dos descendentes de Abraão que reconheceram quem Jesus era, daí a condenação da outra multidão. Se dois que viveram uma vida de comunhão com Deus puderam reconhecer Jeová como o bebê de Belém por trás do simbolismo, os outros que não o reconheceram devem ser condenados. Eles não o viram por ficarem cegados no pensamento da autoridade absoluta, o pensamento do simbolismo ou da crença, e, quando o que foi simbolizado apareceu, eles não puderam vê-lo.

Cada fase do livro, com exceção das próprias declarações de Jó, aborda o desafio de Satanás: "Nenhum homem, não importa o quão bom ele seja, o ama pelo que Tu és. Tu chamas Jó de íntegro e reto, mas toca nas coisas que lhe deste, destrói suas bênçãos, e ele blasfemará contra ti na Tua face" (VEJA JÓ 1:9-12). As bênçãos de Jó foram destruídas, e ainda assim ele se mantém firme: "Eu não sei a razão pela qual eu sofro. A razão que vocês apresentam não é a única. Só Deus pode me explicar, e eu esperarei por Ele". Parte da aposta era que Deus deveria ficar fora de vista, e que Jó não devia ser ajudado, como ele não foi. A exposição dos sofrimentos de Jó deve ser feita à luz deste prefácio, que jamais foi conhecido por ele. Jó nunca soube que Satanás e Jeová fizeram de sua alma um campo de batalha.

O problema no livro de Jó representa o problema do mundo inteiro. Não importa quais sejam as experiências de um homem, sejam suaves ou estupendas, há algo nesse livro que lhe dá uma indicação do porquê a redenção foi necessária, e também uma linha de explicação das coisas inexplicáveis da experiência humana.

Capítulo 16

A PAIXÃO PELA REALIDADE
Jó 38–41

Não podemos acender quando queremos
O fogo que no coração reside;
O espírito sopra e se aquieta,
Em mistério a nossa alma permanece.
Mas as tarefas em horas de percepção desejadas
Podem ser, através de horas de obscuridade, cumpridas
Com as mãos doloridas e os pés a sangrar
Cavamos e amontoamos, deitamos pedra sobre pedra;
Suportamos o fardo e o calor
Do longo dia, e desejamos que terminem,
Não antes das horas de retorno da luz.
Tudo o que construímos, discernimos.

MATTHEW ARNOLD[21]

---

[21] Matthew Arnold (1822–88), erudito, poeta e crítico inglês.

A palavra "realidade" é usada para representar o domínio de Deus e toda a humanidade em correspondência a ele. Os credos nos dão uma declaração teológica de Deus, mas a experiência de Jó prova que uma declaração de crença não nos concede Deus. A única maneira de chegarmos a Deus é por meio da consciência, pois por intermédio dela temos o relacionamento moral com as coisas. Vimos que Jó não se curvaria a uma autoridade que não fosse fundamentada no que era certo na vida real. Deus tem que se livrar da apresentação errada dele feita pelos amigos. Embora Jó esteja certo em repudiar tal apresentação, Deus o repreende por permanecer muito agnóstico e o conduz ao longo da orientação indicada pela declaração: "*Ainda que* ele me mate, nele esperarei..." (JÓ 13:15 ARC), ou seja, "vou confiar que Deus é o que minha humanidade inata me diz que Ele deve ser". A autoridade que cegamente tentamos alcançar é o próprio Deus, não uma tendência que leva à justiça, nem um conjunto de princípios. Por detrás da realidade está o próprio Deus, e a autoridade final é um relacionamento pessoal. O cristianismo é um relacionamento pessoal com um Deus pessoal, fundamentado na redenção. A principal razão pela qual Jesus Cristo é nosso Senhor e Mestre não é por Ele ser o Deus encarnado, mas porque Ele é simplesmente o primeiro no domínio dos seres humanos.

O suave sussurro de Deus (JÓ 38:1-3)

*Então do meio de um redemoinho, o S*ENHOR *respondeu a Jó e disse: "Quem é este que obscurece*

os meus planos com palavras sem conhecimento? Cinja os lombos como homem, pois eu lhe farei perguntas, e você me responderá. Onde você estava, quando eu lancei os fundamentos da terra?". vv.1-3
(VEJA TAMBÉM 40:6-7)

Deus acusa Eliú e Jó. Ele apela para que eles venham diante dele com base no conhecimento real deles, e para, apesar de serem fiéis aos fatos que conhecem, estarem abertos a fatos que desconhecem. O "suave sussurro" (1 REIS 19:12) é um apelo não a uma crença supersticiosa em Deus, mas à realidade de Deus para o homem. Deus se livra completamente de um relacionamento com Ele que venha de um pavor supersticioso — "Não, comporte-se como um homem, e ouça os fatos como eles são". Deus aconselha Jó: "Não chegue a uma conclusão precipitada, mas cinja seus lombos como um homem e espere. Você fez o certo até agora em que não deturpou meu caráter, mas você deve reconhecer que há fatos que você não conhece, e esperar que Eu os revele em razão de sua obediência moral". Jó não se prostraria diante de Deus com base na superstição. Ele não poderia admitir que tal Deus fosse digno. O fundamento desse apelo não é que Deus diga que eu devo fazer determinada coisa, mas que a hombridade em mim reconheça que o que Deus diz possivelmente esteja certo. Jesus Cristo nunca coagiu ninguém. Ele nunca usou o aparato do sacerdócio ou dos poderes sobrenaturais, ou o que entendemos por reavivamento. Ele olhou para os homens no ponto onde todos eles estavam, e se recusou a desconcertar a inteligência humana para conduzi-la em submissão a si mesmo.

A paixão pela realidade

O valor não científico da imanência (JÓ 38:4-41)

"Imanência" significa a noção da presença imediata de Deus permeando todas as coisas, e o panteísta diz que essa visão explica tudo. Eliú afirma pomposamente que "humanidade" é outro nome para Deus, enquanto uma das grandes doutrinas bíblicas é que a humanidade não é Deus, e foi criada distintivamente para não ser Deus. Há evidências de que Deus está nos fatos da natureza, mas também há evidências de que Ele é diferente da natureza. Podemos fazer uma definição funcional das leis da natureza, "mas, lembre-se", diz Deus, "por trás dessas leis estou Eu".

O dogmatismo científico é tão perigoso quanto o religioso. O dogmatismo religioso toma a experiência de um homem e lhe diz por que tudo aconteceu. Porém, de vez em quando, acontecem coisas fora da experiência humana que não podem ser explicadas. É bom observar o que pode ser conhecido, mas ninguém tem o direito de ser dogmático quanto às coisas que não podem ser conhecidas a não ser por revelação. Podemos enunciar leis científicas até onde somos capazes de descobri-las, mas estamos fora do nosso domínio se dissermos que essas leis governam regiões sobre as quais não sabemos nada. Inferências baseadas nos fatos que conheço nunca me permitirão encontrar Deus. Posso estudar todos os fatos da geologia e da história natural, mas de onde vem o tom de autoridade? A indicação de autoridade só vem por meio da consciência. Leis são efeitos, não causas. Se pudéssemos conhecer a Deus por meio do nosso intelecto, então a pretensão de Jesus Cristo de revelar Deus seria uma farsa, e a redenção, um absurdo.

Jó declarou que não poderia conhecer a Deus: "Eu não conheço a Deus", diz ele, "mas eu sei que o Deus que vocês descrevem em suas crenças não pode ser Deus, porque para torná-lo Deus, vocês têm que negar fatos que eu conheço". Os amigos disseram que a solução era aceitar a posição agnóstica e se tornar um fatalista ("Não tente descobrir se o caráter de Deus é nobre e certo"), e terminaram por contar uma inverdade sobre Deus. O Senhor diz: "Quando eu me revelar, será como o Deus da moralidade que vocês conhecem", e ainda assim nunca devemos atar Deus ao longo da orientação da experiência subjetiva.

A única realidade na vida é a realidade moral, não a intelectual ou estética. A religião baseada no intelectualismo torna-se puramente confessional, e Jesus Cristo não é necessário a ela. O intelecto não nos leva à realidade, tampouco as emoções, mas sim a consciência, assim que se conecta com esses dois. A base das coisas não é racional. A razão e o intelecto são nossos guias entre as coisas como elas estão, mas não podem explicar como as coisas são. Por exemplo, não é racional que nações cristãs estejam em guerra. O fundamento da realidade é trágico, e o intelecto faz um homem fechar os olhos para este fato e se tornar uma pessoa pretensamente superior. Um dos grandes crimes da filosofia intelectual é que ela destrói um homem como ser humano e o transforma em um espectador altivo. Ele se desliga do relacionamento com as questões humanas como elas são e se torna uma estátua.

Um homem moral (ou seja, o homem que fará o certo e será correto na vida real) é o mais inclinado a reconhecer Deus quando Ele se manifesta, quando comparado a qualquer outro tipo de homem. Se eu me tornar um devoto de um credo, não posso ver a Deus a menos que Ele venha ao longo da minha concepção. É preciso ter a pessoa por completo (consciência, intelecto, vontade e emoções) para descobrir a realidade de Deus. O homem que está bem dentro de seu próprio direito, cuja consciência ainda não está desperta, não sente necessidade de Deus. "Não vim chamá-lo", disse Jesus. Mas deixe um homem enfrentar os fatos, e ele encontrará não uma crença ou uma doutrina, mas Deus como alguém real. Os fatos elementares que um homem enfrenta transformam sua teimosia em receptividade à realidade.

A justificação supranormal da moralidade (JÓ 39-41)

Será que você está querendo anular a minha justiça? Ou me condenará para se justificar? 40:8

Nesses capítulos, todo o Universo é simbolizado, e seja ele como for, ele não está domado. Um certo tipo de ciência moderna nos faria acreditar que está, que podemos controlar o mar, o ar e a terra. É verdade, você pode, se você apenas ler manuais científicos e lidar com experimentos bem-sucedidos; em pouco tempo, porém, você descobrirá elementos que derrubam todos os seus cálculos e provam que o Universo é selvagem e incontrolável. E ainda assim, no início, Deus pretendia que o homem o controlasse. A razão pela qual ele não pode é porque ele deturpou a ordem de Deus: em vez de reconhecer o domínio de Deus sobre si mesmo, o homem tornou-se seu próprio deus e, ao fazê-lo, perdeu o controle de todo o restante (VEJA GÊNESIS 3).

Quando Jesus Cristo veio, Ele indubitavelmente era o mestre da vida no ar, bem como na terra e no céu, e nele vemos a ordem que Deus originalmente pretendia para o ser humano. Se você quer saber como é para ser a raça humana redimida, você o verá espelhado em Jesus Cristo — uma perfeita unidade entre Deus e o homem, sem lacunas. Enquanto isso, há uma brecha, e o Universo é selvagem, indomável. Todo tipo de superstição finge que pode governar o Universo, e o charlatão científico proclama que pode controlar o clima, que ele tem poderes ocultos e pode pegar o indomável Universo e domá-lo. Deus diz que isso não pode ser feito.

O vale estranhamente agitado de Jó (JÓ 40)

Então Jó respondeu ao SENHOR e disse: "Sou indigno. Que te responderia eu? Ponho a mão sobre a minha boca. Uma vez falei, e não direi mais nada; aliás, duas vezes, porém não prosseguirei". vv.3-5

Não há nada de indigno na atitude de Jó. Trata-se da prostração de um homem estranhamente agitado na humilhação de perceber que está face a face com o que é superior a si.

A revelação de Deus fornecida por Jesus Cristo não é a revelação do Deus Todo-poderoso, mas da natureza essencial da divindade: humildade indizível e pureza moral, totalmente digna em cada detalhe da vida real. Na encarnação, Deus se prova digno na esfera em que vivemos, e esta é a esfera da revelação do Deus que se doa. Jó reconhece isso. Ele sabe que não é um negociante de superstições, de credo ou de teologia que está falando com ele, e sim a voz de Deus, visto que esta voz não contradiz o que ele sabe, mas o conduz diretamente para o que ele nunca poderia descobrir por si mesmo. E, assim, Jó abaixa a cabeça em verdadeira humildade diante de Deus e ouve — "Estou no caminho certo, finalmente".

Capítulo 17

FECHADURAS CONTRA CHAVES
Jó 42:1-6

Diga-me, pois se a dúvida é nascida do diabo
Eu não sei: um, de fato, eu conheci
Em muitas perguntas sutis versado,
Que tocou uma lira dissonante primeiro,
Mas sempre se esforçou para torná-la verdadeira:
Perplexo na fé, mas puro em ações,
Finalmente ele extinguiu sua música.
Há mais fé na dúvida honesta,
Acredite em mim, do que em metade dos credos.
Ele lutou contra suas dúvidas e reuniu forças
Ele não tornaria seu julgamento cego.
Ele enfrentou os espectros da mente
E os dominou: assim, ele veio finalmente
Para encontrar uma fé própria mais forte;

> E o Poder estava com ele durante a noite,
> Aquele que faz a escuridão e a luz
> E não habita apenas na luz,
> Mas também na escuridão e na nuvem,
> Como sobre os picos antigos do Sinai,
> Enquanto Israel fazia seus deuses de ouro,
> Embora a trombeta soasse tão alto.
>
> TENNYSON

Tudo que um homem elege para ser a chave para um problema pode tornar-se outra fechadura. Por exemplo, a teoria da evolução (que, supostamente, era para ser a chave para o problema do Universo) acabou se tornando uma fechadura. Pensou-se que a teoria atômica era para ser a chave, mas foi descoberto que o átomo em si era composto de elétrons, e cada elétron é como um universo próprio; essa teoria também se torna uma fechadura e não uma chave. Tudo o que o homem tenta como uma simplificação da vida, diferentemente de um relacionamento pessoal com Deus, acaba por se tornar uma fechadura, e devemos estar alertas para reconhecer quando algo muda de chave para fechadura. A crença que Jó manteve, que alegou ser a chave para o caráter de Deus, acabou por ser uma fechadura, e Jó está percebendo que a única chave para a vida não é uma declaração de fé em Deus, nem uma concepção intelectual de Deus, mas o relacionamento pessoal com Ele. O próprio Deus é a chave para o enigma do Universo, e o fundamento das coisas é encontrado apenas nele. Se um homem deixa

Deus de lado e toma qualquer explicação científica como a chave, ele só consegue encontrar outra fechadura.

A reabilitação da fé em Deus (Jó 42:1-2)

Como a fonte e sustento de toda a existência

> *Então Jó respondeu ao SENHOR e disse: "Bem sei que tudo podes, e nenhum dos teus planos pode ser frustrado".* vv.1-2

Reabilitar significa reintegrar, restaurar à antiga posição. O problema em todo o livro de Jó é que o ensino da crença e a fé implícita de Jó em Deus não concordam entre si, e parece que ele é um tolo em manter sua crença em Deus. Neste último capítulo vemos tudo reabilitado, colocado de volta na posição, por meio do relacionamento pessoal de Jó com Deus. Isso é o que acontecerá como resultado desta guerra — a fé de muitos homens em Deus será reabilitada. A base das coisas deve ser sempre encontrada no relacionamento pessoal com o Deus pessoal, jamais no pensar ou sentir.

Jó diz: "Não consigo encontrar descanso em seus raciocínios ou nos meus, e recuso-me a evitar os fatos a fim de fazer uma declaração racional". Jó tinha total confiança no caráter de Deus, embora ele não entendesse o caminho que Ele estava traçando. "*Ainda que* ele me mate, nele esperarei..." (Jó 13:15 ARC). Às vezes ilustramos erroneamente a fé em Deus como a fé de um empresário em um cheque. A fé no âmbito comercial é baseada em cálculos, mas a fé religiosa não pode ser ilustrada pelo tipo de fé que exibimos na vida. A fé em Deus é um empreendimento fantástico no escuro. Tenho que acreditar que Deus é bom apesar de tudo o que na minha experiência contradiz isso. Não é fácil dizer que "Deus é amor" (1 JOÃO 4:8) quando tudo o que acontece realmente indica o contrário. A alma de todas as pessoas representa algum tipo de campo de batalha. A questão para cada um é se vamos ser firmes, como Jó foi, e dizer: "Embora as coisas pareçam obscuras, eu confiarei em Deus".

"Então Jó *respondeu* ao SENHOR" (JÓ 42:1). Isso não significa que Jó viu o Senhor diante dele como um homem, mas que ele tinha um ouvido treinado como resultado de sua fé em Deus. A base da fé de um homem em Deus é que Deus é a fonte e o sustento de toda a existência, não que Ele *seja* toda existência. Jó reconhece isso, e afirma que no final tudo será explicado e esclarecido. Eu tenho esse tipo de fé — não fé em um princípio, mas fé *em Deus*, que Ele é justo, verdadeiro e reto? Muitos de nós não têm nenhuma fé em Deus, mas apenas fé no que Ele fez por nós, e, quando essas coisas não são manifestas, perdemos a nossa fé e dizemos: "Por que isso deveria acontecer comigo? Por que deveria haver uma guerra? Por que eu deveria estar ferido e doente? Por que meu cônjuge deveria ser morto? Vou me desfazer da minha fé em Deus".

O restabelecimento da verdade na vida e na personalidade (JÓ 42:3)

Como a fonte e o sustento de toda a experiência real

Tu perguntaste: "Quem é este que, sem conhecimento, encobre os meus planos?". Na verdade, falei do que eu não entendia, coisas que são maravilhosas demais para mim, coisas que eu não conhecia. v.3

Há uma grande diferença entre a experiência cristã e a fé cristã. O perigo da experiência é que nossa fé pode ser levada a descansar nela, em vez de ver que nossa experiência é simplesmente uma porta de entrada para o próprio Deus. A razão pela qual muitos de nós se recusam a pensar e descobrir a base da verdadeira religião é porque o cristianismo evangélico é apresentado de forma muito frágil. Chegamos à verdade por meio da vida e da personalidade, não pela lógica ou por afirmações científicas. "Na verdade, falei do que eu não entendia, coisas que são maravilhosas demais para mim, coisas que eu não conhecia." Ao se recusar a apoiar o que não era verdadeiro, Jó proferiu coisas maiores do que ele entendia na época. É assim que Deus usa os homens quando eles estão em um relacionamento correto com Ele. Deus transmite Sua verdadeira presença como um sacramento por meio da vida comum deles. Nosso Senhor se torna real da mesma forma que a vida e a personalidade são reais. O intelecto pergunta: "O que é a verdade?" (JOÃO 18:38), como se a verdade fosse algo que pudesse ser declarado em palavras.

"Eu sou [...] a verdade..." (JOÃO 14:6), disse Jesus. A única maneira de chegarmos à verdade é pela vida e personalidade. Quando um homem está enfrentando algo, não adianta ele tentar resolvê-lo logicamente; mas, se obedecer, ele instantaneamente verá a solução.

A verdade é moral, não intelectual. Percebemos a verdade fazendo a coisa certa, não pensando nela. "Se alguém quiser fazer a vontade de Deus, conhecerá a respeito da doutrina..." (JOÃO 7:17). Os homens tentaram chegar à verdade do cristianismo começando pela mente, o que é como dizer que você deve pensar como viverá antes de nascer. Vemos instantaneamente o absurdo disso, e ainda assim esperamos raciocinar a vida cristã antes de nascermos no reino de Jesus Cristo. "Se alguém não nascer de novo, não pode ver o Reino de Deus" (JOÃO 3:3). Se alguma vez quisermos ver o domínio onde Jesus vive e entrar nele, devemos nascer de novo e ser regenerados ao receber o Espírito Santo. Então descobriremos que a verdade não está em uma crença ou afirmação lógica, mas na vida e personalidade. É isso o que Jó está percebendo.

A base religiosa da ciência e filosofia (JÓ 42:4)

Como a fonte e sustento de toda exposição permanente

> *Disseste: "Escute, porque eu vou falar; farei perguntas, e você me responderá".* v.4

Não devemos trazer Deus para o nosso sistema filosófico, mas fundamentar nossa filosofia em Deus. A fonte e o sustento de toda demonstração consistente é o relacionamento pessoal do homem com Deus. Se basearmos nossa filosofia na razão, produziremos uma falsa filosofia. Mas se a basearmos na fé em Deus, podemos começar a explicar a vida adequadamente. As condições vigentes são levadas em conta, mas por trás está a redenção.

O pecado não é problema do homem, mas de Deus, visto que Deus tomou esta questão em Suas próprias mãos e a resolveu, e a prova que Ele o fez é a cruz do Calvário. Essa cruz é a cruz de Deus. No fundamento da redenção posso lavar minhas vestes, e torná-las alvas "no sangue do Cordeiro" (APOCALIPSE 7:14). O pseudoevangelismo distorceu a revelação, como se isso significasse: "Agora que Deus me salvou, não preciso fazer nada". O que o Novo Testamento revela é que, agora que estou salvo pela graça de Deus, devo agir com base nisso e manter-me puro. Não importa qual é a hereditariedade de um homem ou quais tendências há nele, com base na redenção ele pode se tornar tudo o que a Palavra de Deus indica que ele deveria ser. A verdade essencial do pensamento cristão é que eu posso lavar minhas vestes e torná-las limpas no sangue do Cordeiro. Essa é a exposição da redenção numa experiência genuína. Estamos pensando conforme esta orientação ou conforme a orientação pagã, que torna a base das coisas racional e exclui completamente Deus, Jesus Cristo e a redenção?

Arrependimento e o início da humanidade de Deus (JÓ 42:5-6)

Como a fonte e o sustento de uma "segunda chance"

Eu te conhecia só de ouvir, mas agora os meus olhos te veem. Por isso me abomino e me arrependo no pó e na cinza. vv.5-6

Não se pode dizer, apenas por um homem ter mudado de vida, que necessariamente houve arrependimento. Um homem pode ter vivido de maneira má e, de repente, parar de ser ruim, não por ter se arrependido, mas por ser como um vulcão extinto. O fato de que ele se tornou bom não é sinal de que ele se tornou cristão. A base fundamental do cristianismo é o arrependimento. O apóstolo Paulo jamais esquecera o que tinha sido. Quando ele diz: "...esquecendo-me das coisas que ficam para trás..." (FILIPENSES 3:13), ele está se referindo ao que ele havia conquistado. O Espírito Santo nunca permitiu a Paulo que ele esquecesse o que tinha sido (VEJA 1 CORÍNTIOS 15:9; EFÉSIOS 3:8; 1 TIMÓTEO 1:13-15). Arrependimento significa que eu sei exatamente o que sou à vista de Deus, lamento por isso e, com base na redenção, eu me torno o oposto do que eu era. O único homem arrependido é o homem santo, ou seja, aquele que se torna o oposto do que era porque o Espírito Santo passou a habitar nele. Qualquer homem que se conheça sabe que não pode ser santo, portanto, se ele se torna santo, é porque Deus "instalou" algo no seu interior. Assim, agora ele tem a presença divina, e pode começar a produzir "fruto digno de arrependimento" (MATEUS 3:8).

Um homem pode conhecer o plano de salvação e pregar como se fosse um arcanjo, e ainda não ser cristão (VEJA MATEUS 7:21-22). O teste do cristianismo é que um homem viva melhor do que pregue. A realidade da hereditariedade de Jesus Cristo é dada a nós por meio da regeneração; se alguma vez quisermos exibir uma semelhança familiar com Ele, isso deve ocorrer porque houve arrependimento de nossa parte e recebemos algo de Deus. Se a disposição para a maldade, luxúria e rancor se demonstra pela minha vida visível, quando a disposição de Jesus Cristo estiver em mim, ela também se revelará pela minha vida visível, e ninguém jamais precisará temer receber o crédito pela santidade que passa a exibir. Jó declarou: "...agora meus olhos te veem. Por isso me abomino e me arrependo no pó e na cinza" (JÓ 42:5-6). Quando entronizo Jesus Cristo, as minhas palavras se opõem intensamente à velha natureza. Nego meus antigos costumes tão inteiramente quanto Pedro negou a seu Senhor.

A alegação de Jesus Cristo é que Ele pode colocar uma nova disposição — Sua própria disposição, o Espírito Santo — no interior de qualquer homem, e ela será manifesta em tudo o que esse homem fizer. Mas a disposição do Filho de Deus só pode adentrar à minha vida pela via do arrependimento.

Capítulo 16

DISFARCE DA REALIDADE
Jó 42:7-17

Aquele homem humilde procura uma coisinha para fazer,
Ele a vê e faz;
Este homem superior, com uma grande coisa a perseguir,
Morre antes que saiba disso.
Aquele homem humilde continua adicionando um a um,
Cem logo será alcançado;
Este homem superior, mirando em um milhão,
Perde uma unidade.
Aquele tem o mundo aqui — se ele precisar do próximo
Deixe o mundo cuidar dele!

Este joga-se em Deus, e sem perplexidade,
Procurando deve encontrá-lo.

ROBERT BROWNING

Nossa vida é um disfarce, ninguém expressa o que realmente é. Jó não podia expressar, na verdade, nem antes nem depois de seu sofrimento, o que ele realmente era. O "grande evento divino", pelo qual esperamos, ocorrerá quando a Terra de fato se revelar como obra de Deus, e os santos realmente se manifestarem como filhos de Deus. Enquanto isso, as aparências atuais não expressam verdadeiramente as coisas como são.

Durante todo o tempo, Jó manteve sua crença de que Deus é honrado. Ele afirma que a declaração de fé em Deus de seus amigos não era adequada porque eles disseram coisas que Jó poderia refutar por sua própria experiência. "Por que estou sofrendo, eu não sei; mas a sua explicação não me satisfaz. *Ainda que* Ele me mate, embora eu seja realmente arrasado, acredito que Deus seja honrado, o Deus de amor e justiça, e esperarei por Ele, e um dia será provado que minha fé estava certa." Esse é o alcance grandioso da fé de Jó. Agora Deus passa a lidar com os amigos.

O tormento da realidade eterna (JÓ 42:7)

Depois que o Senhor falou estas palavras a Jó, o Senhor disse também a Elifaz, o temanita: —A minha ira se acendeu contra você, e contra os seus dois amigos, porque vocês não falaram a meu respeito o que é reto, como o meu servo Jó falou. v.7

Todos os que assumem uma postura de professor da religião são confrontados, mais cedo ou mais tarde, pela realidade eterna. Os amigos assumiram a postura de mestres religiosos, dizendo que conheciam a Deus, e as críticas deles a Jó seguiram essa orientação. Mas Deus diz: "vocês não falaram a meu respeito o que é reto, como o meu servo Jó falou". Ao ler o que Jó diz, provavelmente deveríamos ter chegado à conclusão de que um homem que falou como ele não poderia ser um bom homem. Ele disse coisas tão desenfreadas, extravagantes, e ainda assim, no final, Deus, que é a realidade eterna, disse que Jó tinha falado corretamente sobre Ele. Um homem pode dizer coisas desenfreadas que parecem estar erradas, mas será uma humilhação descobrir que ele falou sobre Deus mais verdadeiramente do que nós. Quando a realidade eterna surge, a posição não serve de nada, o absurdo religioso não serve de nada. A voz de Deus está disciplinando Elifaz e os outros, não porque eles tinham falado inverdades (eles disseram o que era logicamente verdade o tempo todo), mas porque eles tinham descrito Deus de maneira errônea. O cristianismo não consiste em dizer a verdade, ou caminhar de forma cuidadosa e correta, ou aderir a princípios. O cristianismo é algo diferente de tudo isso, pois é aderir em absoluta rendição a uma pessoa: o Senhor Jesus Cristo.

Se a realidade de Deus é um tormento para um homem que nunca fingiu ser religioso, deve ser dez vezes mais para um homem que tem sido um professor religioso, que diz às pessoas: "Eu posso dizer-lhe por que você sofre", ou: "Posso dizer-lhe por que Deus permitiu esta guerra, e o que Ele está fazendo com o Império Britânico". Quando tal homem se deparar com realidades eternas e ouve Deus dizer: "Vocês não falaram a meu respeito o que é reto", o tormento deve ser terrível (VEJA JOÃO 15:2-6). Elifaz tinha falado a verdade abstratamente, mas ele tinha descrito Deus de maneira falsa durante todo o tempo. Deus não é uma verdade abstrata. Ele é a realidade eterna, e é discernido apenas por meio do relacionamento pessoal com Ele.

Quando se é descoberto pela realidade eterna, o perigo é tornar-se desafiador ou desesperado. Quando os amigos foram confrontados por Deus, tomaram a atitude certa e não entraram em desespero. Se a vara da realidade eterna o alcançar, cuide para que ela o deixe face a face com Deus, não consigo mesmo.

A reação à cirurgia dos acontecimentos (JÓ 42:8)

> *Agora peguem sete novilhos e sete carneiros, e vão até o meu servo Jó, e ofereçam holocaustos em favor de vocês. O meu servo Jó orará por vocês, e eu aceitarei a intercessão dele...* v.8

Enxergamos apenas com base em nossos preconceitos — nossos preconceitos evangélicos ou não evangélicos, os preconceitos de nossa crença ou do nosso agnosticismo. Não podemos ver o contrário até que os acontecimentos nos afetem. A cirurgia advinda dos fatos é algo muito doloroso. Foi preciso uma coisa diabólica como esta guerra para remover os preconceitos dos homens que estavam deturpando a Deus para si mesmos. Um preconceito é um julgamento fechado sem a ponderação suficiente das evidências. Nenhum de nós está livre de preconceitos, e a maneira como mais os revelamos é estar cheio de objeção aos preconceitos de outras pessoas. Se nos apegarmos obstinadamente a qualquer preconceito, passaremos por acontecimentos que, cirurgicamente, nos tirarão disso. Preste atenção para que você não crie nenhum problema com Deus. É muito perigoso.

A cirurgia realizada pelos acontecimentos livrou os amigos de seus preconceitos. O tempo todo eles disseram a Jó: "Você está errado, podemos provar. Você é um homem mau, e é admirável para nós que Deus não o mate". Mas a intervenção cirúrgica dos fatos os deixa de joelhos em total humilhação. "Vão até o meu servo Jó", diz Deus, "ele orará por vocês". Pensem na humilhação disto: "Enfrentem a questão, ou nunca chegarão a mim!".

> ...*para que eu não os trate segundo a falta de juízo de vocês. Porque vocês não falaram a meu respeito o que é reto, como o meu servo Jó falou.* v.8

O que é falar "o que é reto" (JÓ 42:7) a respeito de Deus? Eu nunca vi Deus. Chamá-lo de onipotente, onipresente e onisciente não significa nada para mim. Eu não me importo nem um pouco com uma Poderosa Primeira Causa Incompreensível. Para falar o que é reto sobre Deus, eu devo estar em um relacionamento pessoal com Ele. Deus está confundindo os amigos porque enquanto pregavam a coisa certa, eles descreveram o Senhor distorcidamente e contaram uma mentira sobre o Autor da Verdade. Se eu pregar a coisa certa, mas não a viver, estou dizendo uma inverdade sobre Deus. Esta é uma das principais verdades do cristianismo (VEJA ROMANOS 2:17-23). "Mas", dirá alguém, "como vou viver a verdade?". O Sermão do Monte diz que devemos ter uma disposição que nunca é lasciva, rancorosa ou maligna. Por onde começamos? A menos que Jesus Cristo possa colocar em nós a Sua própria hereditariedade, é impossível. Porém é exatamente isso o que Ele afirma que pode fazer. Pela regeneração, Jesus Cristo pode colocar em qualquer homem a disposição que o fará o exemplo vivo do que prega. O batismo com o Espírito Santo não adicionou nada à doutrina dos apóstolos, mas fez deles espécimes do que ensinavam (VEJA ATOS 1:8).

O sacramento do arrependimento prático (JÓ 42:9)

Então Elifaz, o temanita, Bildade, o suíta, e Zofar, o naamatita, foram e fizeram o que o SENHOR lhes havia ordenado... v.9

Os amigos aceitaram a humilhação, e arrependeram-se.
Na verdade, o arrependimento é um dom de Deus. Nenhum homem consegue se arrepender quando quer. Um homem pode sentir remorso quando quiser, mas remorso é algo inferior ao arrependimento. Arrependimento significa

que manifesto minha tristeza pela coisa errada, tornando-me o oposto. Os antigos puritanos costumavam orar pelo "dom das lágrimas". Um homem tem o poder de endurecer-se contra um dos maiores dons de Deus. Se, para dissolver um pedaço de gelo, você pegar um martelo e esmagá-lo, você simplesmente o quebra em muitos pedaços de gelo; mas coloque o gelo exposto à luz do sol, e ele rapidamente se desfará. Essa é justamente a diferença entre a maneira do homem lidar com o erro e o modo como Deus lida com ele. A maneira do homem pode fazer com que o gelo se despedace, mas é apenas o erro fragmentado. Quando Deus lida com isso, torna-se arrependimento, pois o homem se volta para Deus e sua vida se torna um sacramento do arrependimento prático.

Esses amigos não disseram: "Não, não iremos a Jó". Eles não tentaram se justificar, fizeram exatamente o que Deus lhes disse, e ao fazê-lo fizeram algo grandioso e nobre: aproveitaram a única chance de conhecer a Deus.

A súplica da religião emancipadora (JÓ 42:10)

O Senhor restaurou a sorte de Jó, quando este orou pelos seus amigos... v.10

Você já chegou ao "quando"? Se você está na posição de Jó e passa por alguns problemas, lembre-se de que, quando Jó orou por seus amigos, Deus o emancipou. Ore por seus amigos, e Deus restaurará sua sorte também. A emancipação vem à medida que você intercede por eles. Não é uma mera reação, é a maneira como Deus age. Não se trata de tirar tempo para o estudo bíblico, mas de intercessão espontânea enquanto realizamos nosso chamado diário. Com isso, veremos a emancipação tornar-se realidade, não porque entendemos os problemas, mas porque reconhecemos que Deus escolheu o caminho da intercessão para realizar Seus milagres morais na vida das pessoas. Então, comece a trabalhar e orar, e Deus usará a oportunidade dele em outras vidas. Você nem precisa falar com eles. Deus fundamentou a vida cristã na redenção, e à medida que oramos sobre tal fundamento, a honra de Deus está em jogo para responder à oração.

A associação da amizade ampliada (JÓ 42:10-17)

...e o SENHOR lhe deu o dobro de tudo o que tinha antes. v.10

A vida real de Jó parecia exatamente a mesma depois de seu sofrimento, como antes, para qualquer um que não conhecesse a história interior. Esse é o disfarce da realidade. Há sempre essa diferença no homem que passou por problemas reais — sua associação é ampliada em todas as direções, ele é mais tolerante, mais generoso e liberal, mais capaz de relacionar-se com estranhos. Um dos maiores emancipadores da vida pessoal é a tristeza. Após esta guerra, haverá vínculos de amizade ampliados em muitas vidas. Os homens nunca mais serão tão distantes uns dos outros como costumavam ser. Algo que foi abandonado inteiramente é a presunção de que conhecemos os homens. Os homens não vivem em categorias. Há sempre um fato a mais em cada vida que ninguém conhece, somente Deus. A última coisa a abordar é a categoria religiosa. As pessoas se aterão às suas categorias religiosas humanas até receberem uma sacudida da realidade eterna, como esses homens receberam. Elifaz e os outros mantiveram a concepção de que, a menos que alguém se agarrasse ao princípio particular de sua crença religiosa, ele estava perdido. A única coisa que fará com que a presunção de que conhecemos os homens desapareça é a cirurgia realizada pelos fatos, a realidade eterna de Deus nos sacudindo e retirando de nós os absurdos. Isso aconteceu em muitas vidas por meio do cataclismo da guerra, e os homens descobrem que têm uma maneira diferente e mais ampla de ver as coisas. Não há espaço para aparência e fingimento na vida.

> *Então vieram a ele todos os seus irmãos, todas as suas irmãs e todos os que o haviam conhecido antes, e comeram com ele em sua casa. E se condoeram dele, e o consolaram por todo o mal que o* Senhor *tinha enviado sobre ele...* v.11

Houve um vínculo maior e mais amplo na vida cotidiana de Jó depois de seu sofrimento. Em sua epístola, Pedro refere-se às pessoas que têm muito tempo para os outros: são aqueles que passaram pelo sofrimento, mas agora parecem cheios de alegria (VEJA 1 PEDRO 4:12-19). Se um homem não passou por sofrimento, ele vai esnobá-lo. A menos que você compartilhe de seus interesses, ele não está mais preocupado com você do que a areia do deserto. Mas aqueles que passaram por certas coisas não estão mais voltados para suas próprias tristezas, e sim estão sendo transformados em pão partido e vinho derramado para os demais. Você sempre pode ter segurança em quem que passou pelo sofrimento, mas jamais naquele que nunca o experimentou.

> *...E cada um lhe deu dinheiro e um anel de ouro.* v.11

Jó aceitou os presentes de seus amigos e irmãos, o que é uma indicação de um espírito generoso. A maioria de nós prefere dar, mas Jó era grande o suficiente para aceitar tudo o que seus amigos lhe trouxeram.

> *O Senhor abençoou o último estado de Jó mais do que o primeiro...* v.12